# 中西太、優しき怪童

## 西鉄ライオンズ最強打者の真実

井口英規 著

無双の怪童、そして誰よりも優しかった男に捧ぐ。

PROLOGUE

# 2023年6月12日、怪童の残り香

2023年6月12日——。

たっぷりと初夏の陽光が注ぎ込む部屋には、遺影とともにまだ遺骨が置かれていた。戒名は「球宝院釈太優」。球から始まり、最後に優の字があるのは、選手として指導者として、一途に野球に打ち込み、何より優しかった中西さんらしい。

窓の外には緑豊かな庭が見える。すでに枯れてしまったが、かつては都内成城学園にあった義父・三原脩さんの家から運ばれたモッコクの木が屋根と並ぶ高さまで伸びていた。

この庭を見ながら「3カ月に一度くらいわしらと娘3人の家族が集まって食事をするんだ。庭でバーベキューをしたりな」と目を細めて言ったことがある。

集まる人数を聞くと「13人」と言っていたが、その後、ひ孫の誕生もあって19人に増えたという。

もちろん、19人のなかに中西さんもいる。

新型コロナが猛威を振るう前は、取材をお願いすると「だったら家に来なさい」と言っていただくことが多かった。敏子夫人が玄関で出迎えてくれ、中西さんはいつもこの部屋の大画面のテレビに向かう椅子にどかりと座っていた。

もちろん用件は伝えてあるのだが、「おお、来たな。きょうはなんだ」と言ってニヤリと笑うのが常だった。

取材中、敏子夫人は隣の部屋に入って物音もしなくなる。話が終わり、中西さんが「お〜い、終わったぞ」と言うと、あらためてお茶とお菓子を出していただき、敏子夫人を交えて、しばし雑談をした。

洋菓子のときも和菓子のときもあったが、甘党の中西さんは、いつも本当においしそうに食べ、こちらが持参した大福を気に入ってくれたこともあった。

敏子夫人は物静かで、優しい笑顔を絶やさない方だ。結婚当時は「美女と野獣」とも言われたそうだが、中西家でお会いする2人はとてもお似合いで、長い年月が醸し出す、穏やかで温かい空気が感じられた。


家にいるときは、とにかく野球ばかりテレビで見ていたという。プロ野球、メジャー・リーグ、高校野球、大学野球、社会人野球……、野球であればなんでもだ。

必然的にプロ野球シーズン、特に試合が重なるナイターは大変なことになる。

「チャンネルをパチパチ変えて、よくリモコンが壊れないなと思っていたんですよ」

敏子夫人が思い出し笑いをした。

テレビを見ながら気にしていたのは、まず「あちこちにいるからな」と言っていた教え子たちだ。選手としては、西鉄ライオンズ（現埼玉西武ライオンズ）だけながら、監督として、コーチとして、携わったチームは多い。正式に契約したコーチとしてだけではなく、教え子に頼まれて球場に足を運ぶこともよくあった。

教え子の教え子が中西さんの教え子になり、月日を経て、さらにその教え子を教えることもある。

加えて若い選手たちだ。チームは関係ない。目を細め、目を輝かせ、「うん。そう、そう」と言って、うなずく姿があった。

「ただ、最近は若い選手の名前がなかなか覚えられなくなって、いつも背番号で言っていたんですよ。『あの背番号×はいいな。名前を調べといてくれ』って。送っていただいた本は随分助かりました」

敏子夫人が目を向けた先には、選手の写真名鑑が置かれていた。

スマートフォンの履歴を見ると、中西さんとの最後の会話は２０２３年２月15日となっていた。名鑑を送ったあとのあいさつだ。

相変わらずお元気だなと思ったが、すでに調子のいいときと悪いときがあり、たまたまいいときに電話したらしい。

ベースボール・マガジン社に勤務している私は、『週刊ベースボール』をはじめ、野球関係の雑誌に長く携わるなかで、いつの間にか中西さんの担当のような形になっていた。ただ、取材は簡単ではない。

特に耳が少し遠くなられてからだ。「わしは死にぞこないじゃや。もうええやろ」と言われ、「そこをなんとか」と粘ると、最後はいつも「ベースボールだから仕方ないな」と言っていただいた。

途中からだが、渋る時間が長くなったのは西鉄黄金時代の話だった。「また同じことを聞くのか。あんたらのほうが詳しいんだから、好きなように書けばいいじゃないか」と強めに言われたこともある。

実際、同じような質問を何度もしてしまった。雑誌だけではなく、2007年に『西鉄ライオンズ最強の哲学』、2014年に『西鉄ライオンズ獅子たちの「闘争」』と2冊の書籍もお願いしている。今さら言い訳でもないが、それだけ、あの時代の西鉄ライオンズ、そして「怪童中西」のファンが多いということでもある。

いつも渋られたわけではない。

2010年に『ライオンズ60年史』の取材で、おかわり君こと西武・中村剛也と対談してもらったときは、ずっと上機嫌。終わってから「こういう取材ならいいぞ。1年に1回くらいならな」と言ってくれた。

このとき77歳の中西さんと西武ドーム（現ベルーナドーム）で現地集合、現地解散だった。都内の中西さんの家から電車で2時間くらいだろうか。

2015年、中西さんが82歳のとき、北海道日本ハムファイターズの栗山英樹監督（当時）との対談でQVCマリン（現ZOZOマリン）まで来てもらったときも同じだ。「タクシーを使ってください」とは言ったのだが、「わしは電車が好きなんや」と一人で現れ、一人で帰っていった。

健康を気にされていたこともあって、ふだんからタクシーはあまり使わず、電車で出掛けたり、歩いたりすることが好きだったそうだ。敏子夫人とともに歩数計をつけ、毎日、互いの歩数を確認していたこともあった。

若者の取材と言えば、2019年8月24日、86歳の中西さんに東京ヤクルトスワローズ・村上宗隆の話を聞いたことがある。

前日に電話を掛けると、用件を言う前から「村上君のことやな」と言って「あした新聞の仕事で神宮（ヤクルト戦）に行くから、そのときがええやろ」と、いつもの前置きはなく快諾してくれた。

プロ2年目の村上は、この時点で30本塁打をマーク。高卒2年目までの最多記録36本塁打の中西さんに迫っていた。本塁打王、打点王も視野に入っていたが、2つのタイトル獲得なら、これも中西さんの2年目、1953年しかない。

1971年、初めて西鉄以外のユニフォームを着たのがヤクルトだった。ヘッドコーチとなって新人・若松勉をマンツーマンで一流打者に育て上げ、1983年からはヘッド兼打撃コーチ、翌1984年途中には監督代行もした。1999年、若松さんが一軍監督になってからは、アドバイザーとして教えに来ていた時期もある。

翌日の神宮球場は快晴だった。白いジャケットで、白いパナマ帽をかぶった中西さんは、ケージの後ろにあったボール入れの籠に両手を置き、目を細めながらヤクルトの打撃練習を見ていた。コーチ、選手、チームスタッフが次々あいさつに来て、そのたび笑顔を見せ、身振り手振りを交え話をしていた。

ケージに入る前に村上もやってきた。中西さんは少し長めに話をし、村上の手のひらを見ながら盛んにうなずいていた。

ビジターチームがまだ姿を現していなかったので、そのあと無人の三塁側ベンチの隅で話を聞いたが、目はグラウンドに向けたままだった。

「村上君は広角に打てるのがいい。外側の球をセンター方向にホームランできるというのは、しっかり引きつけて正しいフォームで打てているということや。それで大きな当たりを打て、キレが出てくるとインコースは切り返しでライトにも飛ぶ。手のひらも見せてもらったが、いいマメができているな。

三振が多いのはまったく問題ない（当時、村上について、そういう指摘も多かった）。ただ、『きれいに、いいスイングでいいんだよ』という話もした。調子が悪くなると、ボールを追い掛けてしまうが、それではダメ。空振りはしてもいいんだよ。怖がって変にコースを予測したり、打てない球を追い掛けたりしてはいけない。自分の打てる球をいらっしゃいと、ゆったり待って振ればええんや。

今はわしの現役のころより落ちる球、逃げる球が多いから大変だと思うけど、彼はわしの倍くらいの大きな体をしているが、柔軟性があるし、しっかり勉強もしとる。いいバッターだと思うよ」

本塁打数で中西さんの記録を抜く可能性があるがと聞くと、破顔一笑、

「遠慮せんで抜いてしまえばええよ」と言った。

この年、村上は36本塁打で中西さんに並ぶも、本塁打、打点のタイトルには届かなかった。中西さんの記録は、70年以上たった今でも輝きを放ち続けている。

2022年夏、中西さんは体調を崩して入院。検査で悪性リンパ腫と診断された。89歳という年齢もあって手術は難しいと、同年12月からは自宅に戻っている。

4月11日、90歳の誕生日を迎えるくらいまでは、ふだんどおりの生活ができていたというが、覚悟はしていたのだろう。いつもお中元、お歳暮を送ってくれていた近鉄バファローズ時代の教え子、金村義明さんに自ら電話をし、「もうしんどいし、お迎えも近いから送らんでいいぞ」と伝えた。

敏子夫人によれば、足が少し弱ってしまい、転んでしまうこともあったという。

「しっかりかかとを着きながら歩いたほうがいいですよ、と言ったら、それからは『かかと、かかと』と言いながら歩いていました」

姿が思い浮かぶ。そう言ったあと、敏子夫人を見てニヤリと笑ったはずだ。

闘病生活のさなかに開催されたのが、2023年3月21日（現地時間）に決勝があったワールド・ベースボール・クラシック（WBC）だ。日本代表監督は前日本ハム監督の栗山さんだった。

敏子夫人は言う。

「調子が悪いときも、野球を見ると、なぜか元気になったんですよ。WBCも大騒ぎでした。世界一が決まったときは喜んで喜んで……。そのあと栗山さんに電話をしようかと言っていたんですが、時差もあるし、寝てたらかわいそうやな、としないままでした」

亡くなる2週間ほど前から歩けなくなった。

食欲も落ちたが、一度、「うなぎを食べたいな」と言ったことがある。食べることが大好きで、毎日の食事を日記に細かく書いていた中西さんらしい。

2023年5月10日の夜、夕食のあと、しばらくしてから眠り始めた。呼吸が苦しそうだったので、病院から借りていた酸素マスクをつけたが、そのまま目を覚ますことなく、苦しむこともなく、敏子夫人、娘さんたちに囲まれ、静かに息を引き取った。

敏子夫人は、「優しい顔をしていました」と言った。

「最後の2週間はほとんど流動食だったんです。クリームシチューをつくって、それをミキサーにかけて食べさせたり、いろいろやったのですが、亡くなってから、これはこうして食べさせたほうがよかったかなと思うことはたくさんありました」


書籍発行の際、書店でのサイン会にも協力してもらった。2007年のときは京都の書店まで出向いていただいたが、同行する担当編集者が「家までお迎えにうかがいます」と言っても「ええから」と東京駅の新幹線ホームでの待ち合わせとなった。

先に来て待っていた中西さんは、少し遅れた彼女を仏頂面でじろりと見て「おお、来たか」と持っていた袋を突き出すと、「うまいぞ」と言ってニコリとした。

入っていたのは、ゆで卵だった。

大御所との2人だけの出張に緊張していた担当者だが、ゆで卵、さらに、これも中西さんが用意していた冷凍みかんをいただきながら球界の興味深い話を聞き、すっかり中西ファンになって帰ってきた。

この話をすると敏子夫人は、

「そうそう、東京駅に売っている薄い塩味がついたゆで卵ですね。主人がすごく好きだったんですよ。新幹線を使う際は決まって車中で食べたり、先方へのお土産にしたり。帰りにも買い、家のお土産にもしていました。どうだ、うまいぞって、いつも」

それまでずっと笑顔だった。そのときも笑顔だった。

笑顔のまま、敏子夫人の頬を涙が静かにつたった。

# 目次

CONTENTS

# 第2章 西鉄黄金時代の記憶 68

## 第3章 青年監督誕生 142

## 第4章 お遍路

## 第5章　生涯野球人　248

無双の怪童、中西太。幾多の栄光の記録を刻みつつも
〝未完の天才打者〟と評する声は少なくない

高校生・中西の主戦場だった高松市中央球場は高松市中央公園になっていた。グラウンド跡地にはホームベースだけが置かれ、公園敷地内には水原茂、三原脩両氏の銅像がある

# 第1章

# 『怪童』誕生

## 権藤博の証言「中西さんはWBCの大谷翔平なんですよ」

高校時代からの異名が「怪童」だった。

昔話の金太郎のように、人並み外れた怪力の子どもをさす言葉である。

のちに中西（以下しばらく球界関係者はすべて敬称略とさせていただく）は「いつまでも怪童はないやろ」と笑っていたが、中西の生涯の代名詞となり、今後も語り継がれるはずだ。豪快でこわもての風貌ながら、どこか愛嬌ある言動と、何よりその破格の逸話ゆえの異名である。

「内野手がジャンプし、外野手が慌てて前進するほど低いライナーが、ぐんぐん伸びて場外に消えた」

「強烈なライナーを捕れずに体に当ててケガをした内野手がショックで引退した」

「ファウルチップを打つとボールから焦げた臭いがした」

最初の2つは紛れもない事実だが、3つめについては、「そう言う人もおったが、わしは分からん。牛のあばら骨でバットをしごいていたから、染み込んだ脂とスイングの摩擦でそんな臭いがしたんやないか」と言っていた。

義父であり西鉄時代からの恩師である名将・三原脩監督は、1983年刊の著書『風雲の軌跡』（小社刊）でこう書いている。

「打球スピードについては、ひいき目ではなく、中西の前に中西なく中西のあとに中西なし、と言ってもいい」

プロ野球草創期から1984年に亡くなるまで、日本球界の発展をつぶさに見続けてきた偉人の言葉は重い。

いろいろな方に話を聞き、関連する過去の記事も読んだが、タイミングもあって、権藤博の中西評は腑《ふ》に落ちた。

1961年、中日ドラゴンズ入団。全盛期は短かったが、新人年から35勝を挙げ、2年目も30勝。連投に次ぐ連投で「権藤、権藤、雨、権藤」と言われた鉄腕だ。西鉄の本拠地・福岡県の隣、佐賀県出身で、プロ入り前、平和台球場で西鉄の試合を見たこともある。

権藤は「中西さんはWBCのときの大谷翔平（当時ロサンゼルス・エンゼルス。現ロサンゼルス・ドジャース）なんですよ」と言った。

今さら説明するまでもないだろう。二刀流でメジャーを席巻し、2024年には史上初めて50本塁打以上、50盗塁以上の「50・50」を達成。2023年のWBCでは、世界一に輝いた日本代表を投打で支えたスーパースターである。

「僕がプロに入ったころは、中西さんはあまり試合には出られていなかったし、リーグも違います。オープン戦でもオールスターでも対戦はなかったと思いますが、ものすごく強烈に覚えているのは試合前の打撃練習です。中西さんが打席に入ると、お客さんだけじゃなく両軍のベンチが身を乗り出して見ている。WBCの大谷の打撃練習も日本の選手全員が見てたでしょ。あれと同じです。

打球がまたものすごかった。体をぶらぶらさせながら打席に入るんですが、ブンと振ると低いライナーが伸びてスタンドに入り、客席がどっと沸きます。詰まって打ったあと、大げさに手がしびれて痛そうな格好をしていたと思ったら、打球がスタンドに届いていたこともありました。

南海ホークス（現福岡ソフトバンクホークス）にいた堀井（数男）さん（1953年にベストナインも獲得している外野手）に聞いたことがあるんですが、中西さんのライナーにショートが飛び上がった。だから慌てて前進したらボールが頭を越えていったらしい。いかん長打だ。これは恥かいたと思って振り向いたらスタンドに入って、ああ、よかった、と思ったそうです（笑）。あんなバッター、二度と出てこないでしょうね」

打撃練習のすさまじさについては、1966年、ドラフト1位で読売ジャイアンツに入団したV9時代のエース、堀内恒夫も言っていた。投手ながら少年時代から中西の打撃にあこがれていたという堀内は、打球スピードに加え、「王（貞治）さん（巨人）もそうだったが、打ち損じがほとんどなかったな」と振り返る。

ただし、2人が目撃した中西はもう全盛期ではない。特に堀内の入団後となれば、代打出場が主になっていた時期だ。打撃練習の球を打つなら技術でカバーできたが、スタメン出場は難しくなっていたということだろう。おそらく、それでもファンが期待するがゆえに打撃練習は休まず、フェンス越えを狙った。

ただ、それでは試合前に沸いたファンが試合本番では中西を見られないこともある。WBCで、大谷が打撃練習だけで試合に出なければファンはどう思っただろうか。

## 栄光と挫折「わしの実働は7年。あとはおまけや」

記録を見ると、1952年のルーキーイヤーから1958年までの7年間で獲得した打撃3部門のタイトル（首位打者、本塁打王、打点王）は10。入団7年で比較すると、一本足打法の習得が入団4年目途中ではあったが、世界のホームラン王と言われた王が7、大卒の長嶋茂雄（巨人）ですら8である。

うちホームラン王は4年連続を含む5度。2冠は4度で、そのすべてが残り1部門は僅差の2位と、三冠王まであとわずかに迫った。当時、戦前の巨人・中島治康以外に三冠王はおらず、もっと言えば、中島の三冠王は1年トータルではなく、1938年秋のもので（春秋の2シーズン制）、達成当時は特に話題にはならなかった。

この7年間は、その前の飛び過ぎたボール、「ラビットボール」（うさぎのように飛び跳ねる意）の反動もあってか、日本球界でもっともボールが飛ばなかった時代と重なる。20本塁打台での本塁打王も多く、最多が1953年、中西の36本で、セ・リーグでの30本以上は1954年の洋松ロビンス（現横浜DeNAベイスターズ）の青田昇、1955年の国鉄スワローズ（現ヤクルト）の町田行彦の31本。パ・リーグでも中西以外の30本塁打以上は1957年、南海・野村克也の30本だけだ（中西は3回。ちなみに36本の1953年のパ・リーグは120試合制だった）。

ただ、中西にホームランへのこだわりはなかった。

「ライナーでセンターの左右を抜いていくアベレージヒッターのつもりで打ち続けてい

た。だいたいホームランというのは、打とうと思って打てるものではない。考えていたのは、いいタイミングで球をとらえ、スイングをシャープにすることだけや。向かってくる球の力を利用できるバットスピードがあってこそ、飛距離も出る。

わしを怪力で打っていたと思っている人もいるようだが、それも違う。腕だけで打っていたのでは飛ばんよ。足、腰の下半身の動きと上体がうまく連動し、合致しないと飛んでくれないんや」

高い放物線の軌道ではなかった。ボールの芯をたたきつぶすような強烈なスイングから放たれた低いライナーが、三段ロケットのようにぐんぐん浮かび上がり、はるか場外に消えた。

1967年の『週刊ベースボール』に掲載された記事で、ともに昭和の球界を代表するホームランバッター、青田（巨人ほか）と大下弘（西鉄ほか）が参加した座談会がある。そのなかで、当時〝ホームランモンスター〟とも言われた巨人の王と大下の打撃を比較したやり取りがあった。

青田　現在の野球界で一番すごかったのは中西太がナンバーワンやろうね。これはだいいたい話が合うわけやね。その次が王やろうというのが、ほとんどやけど、僕はポンちゃん（大下）やと思う。

司会　ホームランということで……。

青田　いや飛距離から見てです。遠くへ飛んだということではポンちゃんですよ。

大下　からかわないでくださいよ（笑）。

青田　今の王を見ているとすごいけど、僕はポンちゃんのほうが一枚上やと思うわ。今の球は飛ぶものね。

鈴木龍二（当時セ・リーグ会長）　そうだ、昔は違ったね。

青田　戦後の球でポンちゃんが西宮の左中間の上段に2本打ち込んだけど、今、王でも上段へ打ち込むのはよっぽどや。あんな飛ばん球で、僕ら打っても入らんもの。だから僕は中西の次に……。中西は別やな（笑）。

鈴木　あれは別だ（笑）。

レジェンドたちの話にオチのように使われているのが面白い。

中西はプロ入りから25歳までの7年間で190本塁打、988安打をマークした。

1960年代からの球界全体の急激な本塁打増と18年間という選手生活を考えれば、500本塁打、2000安打ははるかに超えていても不思議ではないが、実際には244本塁打、1262安打に終わっている。

最大の理由は左手首の故障だ。1959年に右足の大ケガをし、再起を懸けた1960年の開幕前に、引退まで苦しめられる左手首の故障を負った。

1959年以降は一度も規定打席到達はなく、引退。「わしの選手人生は実働7年。あとはおまけやね」とよく言っていた。

果たして左手首の故障がなければ、どれほどの成績を残していたのか。

再び三原の著書『風雲の軌跡』を開くと、そこには「自分の婿だからではなく、球界のためにも不幸な故障だったと惜しまれてならない」と書かれている。

左手首は腱鞘《けんしょう》炎と診断されたが、引退後に調べると骨が欠けていた。

「それじゃあ、いくら温泉に入っても仕方がなかったな。今の医学なら治ったんだろうけど、まあ、これも人生や」

中西は淡々と話した。

## ▼1933―51年（昭和8―26年）

### 太閤秀吉から取った「太」

1933年4月11日、香川県高松市で生まれた。戦前から市内には高松商、高松中（旧制）と野球の強豪校があり、宮武三郎（高松商―慶大。のち阪急＝現オリックス・バファローズ＝ほか）、水原茂（高松商―慶大。のち巨人）、三原（高松中―早大。のち巨人）ら東京六大学、プロ野球草創期のスーパースターが輩出し、野球王国と言われていた。

中西は8人きょうだいの7番目。太（ふとし）という珍しい名前は、父親の宇八さんが出入りしていた荷馬車業者の親方が、己の才覚のみで天下人に上り詰めた「太閤（豊臣秀吉」からつけてくれたものだ。豪快な中西にぴったりの名前とも思えるが、「子どものころは太という名前が恥ずかしくてね、そんな名前、周りにいないもんな。太閤さんのようになれ、とつけたのだからと自分を慰めていた」とプロ入り後の取材で語っている。

やや太めの体型と、その名前から、級友に「ブーちゃん」「ブーやん」と言われていたこともある。多感な少年にとってうれしい呼び名であるはずがない。

宇八さんは中西が3歳のときに亡くなり、以後、母の小浪さんが野菜の行商をしながら女手一つで子どもたちを育てた。中西も小さなころから行商や家事の手伝いをし、母の留守時は幼い妹のために食事をつくったりもした。

「なすび（なす）のヘタむきの手伝いをしているとき、ナイフで指をザクッと切ったことがある。あれで指が落ちとったら、もう野球はできんかったかもしれんね」

傷跡が残っている左の人さし指をさすりながら言った。

母親からよく言われたのが「ひとさまに迷惑を掛けるな」だった。さらに中西は毎日黙々と働く母の背中から「汗をかくことを厭うな」ということを学んだ。

この2つは、中西が生涯貫いたものでもある。

小浪さんは中西が男の子では末っ子だったこともあり、家計が苦しいなかでも不自由はさせまいと、幼稚園に通わせ、食事では質素ながら野菜や瀬戸内海の小魚を使ったもの、手製の讃岐うどんなど、いつもお腹いっぱい食べさせた。

子どものころから健康そのもの。運動神経がよく、わんぱく坊主ではあったが、照れ屋でもあり、自分の意見をあまり言わず、モジモジしていることもあった。

背丈はさほど高くなかったが、足は速く、国民小学校では高松市の学童大会で短距離走

1位になったことがある。相撲も好きで自分より体の大きな子も投げ飛ばしたが、むきになって向かってくる相手には、ついつい臆して負けてしまうこともあった。

勉強も好きでクラスの級長を務めた。次兄が海軍に入ったこともあり、将来の夢は海軍士官。のち中西の兄のうち2人は戦死しているが、そんな悲しい話が珍しくなかった時代でもある。

野球はやっておらず、特に興味もなかった。1941年12月8日、日本はアメリカと開戦しているが、それ以前から両国の関係は悪化。アメリカをルーツとする野球は敵性スポーツと言われ、堂々とできるものではなくなっていたこともある。

戦火は高松も襲った。1945年7月4日には米軍の空襲で市街地の8割が焦土と化し、亡くなった級友もいた。中西も戦闘機の機銃掃射を間近で見て、死を覚悟したことがあったという。

1945年8月15日終戦。もともと野球好きが多かった高松だけに、すぐ各町内でチームがつくられ、焼け野原のなかの空き地で草野球が始まった。小学6年生の中西も大人のチームに参加し、学校でも三角ベースをしたが、あくまで遊び。「まだ野球がどんなものかよく分かっていなかった」と振り返る。

## 授業中にボールを縫った思い出と進駐軍の白球

中学は高松市の学校で唯一焼け残った旧制高松一中へ。入学試験のとき校庭で野球部が練習していた。レベルは分からなかったが、とても楽しそうに見えたという。

一つ不思議に思ったことがある。打球音だ。

「ボールを打つとカーンと小気味よい快音が残る。今まで見ていた野球では、思い切りバットを振って当たってもボコッという音しかしなかったからな」

草野球の球は粗悪なスポンジを使ったもので、当たっても大して飛ばなかった。ただし、高松一中野球部のボールも、倉庫から引っ張り出した古い物ばかり。良質な新品の野球道具など、日本中、どこを探してもなかった。

野球部にはすぐ入ったわけではない。家の経済状態を考え、母親にグラブを買ってほしいと言い出せなかったこともある。まだ食糧や日用雑貨が配給だった時代だ。

最初はバスケットボール部とも考えたというが、思い切って母親に頼み、野球部に。どこから調達したのか、母はすぐグラブとスパイクをそろえてくれた。

野球部に入りたいと思ったのは、野球部の最上級生に知り合いがいて、「そう無茶はされないだろう」と思ったこともある。「殴られたらかなわんしな」と笑っていたが、軍隊のような荒っぽい気質が、特に運動部に色濃く残っていた。体ががっちりとし、すでに大人を圧する風貌をしていたが、見た目とは違い、ケンカや暴力が大嫌い。先輩になってからも後輩に手を出したことはない。

同年代では足腰の強さ、運動神経は飛び抜けていたが、決して1年生から頭角を現したわけではなかった。一つには当時の学校制度がある。旧制中学は5年制で、基本的には1年生は13歳、5年生は17歳。成長期のさなかの4歳差は大きい。

最初は球拾いと水くみなど雑用が中心で、練習と言えば走ってばかりだった。

「よう走ったね。校庭から近くの石清尾八幡宮《いわせおはちまんぐう》まで走って、そこの階段を駆け上がり、駆け降りるんだ。石段と平らな坂道があり、どちらもきつかったが、それぞれまた違った鍛え方になった。そこで足腰を鍛えたのは、あとあとよかったと思うよ」

数少ないボールを使った練習にはキャッチボールの〝特訓〟があった。

「至近距離から何人かの上級生が下級生に思い切り投げる扇型キャッチボールというのがあった。恐怖心で腰が引けるが、捕らなきゃ体に当たってケガをするし、必死だったよ。しかも、手を抜いたら先輩にどやされる。おかげでボールへの集中力やグラブの出し方、足さばきや体の使い方などが身についた」

入部当時1年生部員は50人ほどいたが、厳しい練習もあって1カ月後には30人以上が退部している。

高松一中野球部は高松商、高松中に比べ歴史は浅く、戦前は2校にまったく歯が立たなかった。活動再開直後は練習方法なども試行錯誤しながらやっていたが、ほどなく高松中OBで早大出身の水原義雄、義明兄弟が指導に来てくれるようになった。

戦前から高松中は早大に進む選手が多く、一方で高松商からは早大のライバルである慶大進学者が多かった。中西は「高松中の校舎が戦争で大きな被害を受けて野球部の活動が再開できず、OBの方たちが高松一中に手伝いに来てくれていたんじゃなかったかな」と言っていた。

戦前、さらに終戦後もしばらく、野球理論、人気ともプロ野球ではなく、東京六大学、それも早慶が頂点にあった。中西は2人の影響もあって自然と早大の野球にあこがれ、いつしか「早稲田のユニフォームを着て神宮の早慶戦に出たい」が夢になった。

1948年には早大で捕手をしていた枡形博が監督就任。肩の強さもあって中西に打撃投手をさせるようになった。「バッターのタイミングの取り方などを見て、学ぶものが多かった」と話していたが、プロ入り後、さらに引退してコーチになってからもよく打撃投手を務め、70歳近くまで投げ続けている。

勉強は、と尋ねると「ほとんどしていなかったな」と笑う。嫌いだったわけではない。日々の練習の疲れに加え、下級生にはほつれたボールの糸を縫う仕事があったからだ。家に帰ったらすぐ寝てしまうので、授業中にするしかなかった。

「授業中は下を向いてずっとボールを縫っていた。黙々とな。それ以外は寝ているだけ。野球部はみんなそうだったから、静かでいいって先生に言われていたよ。

貧しかったからね。ボールはボロボロになっても使い続け、バットも折れたら釘を打ってテープを巻いて使っていた。スパイクどころか運動靴を持っていない部員も多く、地下足袋ならまだまし。草履履きやはだしもいた。ユニフォームも紙みたいにぺらぺらな生地で、スライディングするとすぐ破れるんだ」

ボールに関しては、こんな思い出もある。

市内で唯一戦火を免れた高松一中のグラウンドには、よく進駐軍（GHQ）が野球をしに来た。当然、野球部の練習は中断され、時々「選手が足りない」と部員がキャッチャーで駆り出されることもあった。

試合が終わり、進駐軍の姿が消えると下級生が外野にダッシュだ。

「外野には戦争中の名残りで芋畑があって、そこにボールが入ると、進駐軍の連中はもう探しもせんから、ほったらかし。それをわしらが拾うんや。真っ白なボールでな。あのころはそんなのなかったから貴重だったよ」

## 高校の入学式前にセンバツ甲子園初出場？

1948年、『六・三・三制』への学制改革があり、中西は新制高松一中の最上級生である3年生になった。ただ、過渡期とあって野球部の活動は高松一高とともに行い、夏の大会のあと、秋季大会にも特例で中学3年生の参加が許可されていた。

大会初戦、先発メンバーの発表があり、「ここで『一塁手・中西』と言われ、横にいた友人に『一塁は僕かい？』と思わず尋ねた」。公式戦の初スタメンだった。相手は三本松高。打順はいきなり三番で、初打席がレフトオーバーの三塁打だ。「一生忘れることのできない思い出」と振り返る試合の一つである。

その後、中西は三番サードとなり、秋の四国大会準優勝に貢献。高松一高はセンバツ出場を確実にした。

サードに入ってからは、連日、桝形監督の強烈なノックを受けた。倒れ込んだ中西に怒声を浴びせ、バケツで水をぶっ掛けるような厳しさもあったが、ふだんは陽気な人で、冗談もよく言った。練習中は水を飲むなと言われた時代ながら、ヤカンに水を用意して飲ませていた理論派でもある。

チームもまた、上下関係はきちんとしながらもいじめなどはなく、中西は「和気あいあいたる雰囲気が伝統なきチームが勝てた要因かもな」と話していた。

1949年春、これもこの年だけの特例だったが、中西は高松一高の入学式もすんでいないうちに、センバツで甲子園デビューをすることになる。

「高松から甲子園への移動は船だった。関西汽船に乗るんやけど、夜、紙テープで盛大に送ってもらい、船底で寝て、朝の6時に神戸の元町の桟橋に着いた。そこから元町の駅まで歩いたんだが、野球道具よりコメが重くてね。一人5、6升かな（1升は約1・5キロ）。当時は旅館に泊まるときも、自分たちで食べるコメは自分たちで持っていかなきゃいけなかった。食料事情は都会のほうが苦しかったからね。勝ち上がったとき、『このまま勝つと兵糧が尽きる』と言って監督が真剣に心配していたよ」

甲子園では開会式の入場行進で完全にあがってしまい、「歩いている体が自分のものとは思えなかった」と言う。試合になればなおさらだ。

「甲子園はよう整備された、いい球場だった。あの時代だから、ふだんは土盛りの吹きっさらしみたいなところばっかりだったしね。お客さんが多く、田舎の子だったから最初は地に足が着かない。ファウルゾーンが広いこともあって、守備でラインの感覚が分からんかったのは戸惑った。ほかなら、この打球はここで踏ん張って、この角度で投げたらいいとなんとなく分かり、見なくても一塁に投げられたけど、ちょっと違っていたな」

1戦目は勝利も、準々決勝となった2戦目は怪腕と呼ばれた名投手・福嶋一雄がエースの小倉高に0対4で敗れた。試合の内容は「ほとんど覚えとらん」と言うが、敗戦のあとの客席からの声はしっかり刻まれた。

「『また来いよ』と温かい声が飛んだ。あれが田舎者のわしらの心に響くんだ。言われると涙が出たよ」

続く夏も甲子園に出場し、有本義明（のち野球評論家）がエースだった芦屋高相手に準々決勝で5対0と快勝。有本は「投げた私の肩あたりに中西の打ったライナーが来た。グラブを出して捕ろうとしたが、振り返ると、その打球はそのまま中堅手のグラブに突き刺さっていた。ヒットこそ打たれなかったが、その赤ら顔の1年生のすさまじい打球には度胆を抜かれた」と振り返っている。

そのまま優勝と勢い込んだが、準決勝で佐々木信也（当時1年生。のち高橋ユニオンズほか）がいた初出場の湘南高に延長戦で敗れた。

「試合途中に雨が降り、雨のなかで知らん間に負けていた。だから、あまり試合の記憶はないんだ。それより、あの大会で覚えているのは晴天の日の真っ白な客席。お客さんの服がみんな真っ白で球がよう見えんのよ。それじゃなくてもボール回しでは、うちはキャッチャーで四番打者の山下健さん（のち阪急ブレーブス。2学年上）の肩が強くて、すごい球を投げるから捕りづらい。わしの球も速いからファーストが大変やった」

自身の打撃や指導についての自慢話はしない人だったが、守備と走塁、あと、敏子夫人の料理については例外だった。

## 捕手転向と校舎を壊した打撃練習

桝形監督に言われ、捕手に転向したのは2年生のときだった。強肩を生かしたスローイングで盗塁を刺しまくったが、少年時代からの古傷があった左手の人さし指を痛めたこともあり、1年だけでサードに戻る。

「血が噴き出してな。傷が治ってからも寒いときは感覚がなくなった。このケガもあってバッティングで指を立てるのがクセになったんや。不思議なもので、グリップで指を一本遊ばせたら、うまく力が抜けて手首を柔らかく使えたのはある。ケガの功名やな。投手の球筋を見て、配球を考えてと、捕手を経験したのはバッティングにも役立ったと思うよ」

以後、全力で走るときは自然と左手の人さし指を突き出すようになり、西鉄時代、指に特製のサポーターを着けていたときもある。

バッティングは、さらに技術が磨かれ、パワーも増す。打撃練習では外野の向こうにあった校舎のガラス窓や壁を壊しまくった。

「校舎をライナーで越えたこともある。校舎を壊し、ふつうなら怒られるけど、褒められたよ。これは阪急入りした山下さんが贈ってくれたボールもあるんだ。飛ぶボールだね。びっくりするくらい飛んだ。プロのボールは飛ぶんだなと思ったが、わしが入ったら、まったく飛ばないボールになっていたけどな」

当時のプロ野球は、ホームランを増やしてファンが喜ぶ派手な試合にしようと、前述のようにラビットボールと言われた反発係数の高いボールを使っていた。この1950年は、松竹ロビンスの小鶴誠が当時の日本新記録51本塁打をマークしている。

同年、高松一高は宿敵・高松商高に敗れ、夏の甲子園には出ていない（当時は香川、愛媛の北四国で1校。出場は愛媛・松山東高だった）。このとき高松商高の関係者が「今年は勝ったが、中西がおったら来年も甲子園に行けないかもしれん」と、中西を中退させ、プロに行かせる計画を練っていたという伝説も残る。

中西の生活はさらに野球一色となった。

練習以外でも電車の移動はつま先立ちをし、常に軟式テニスのゴムボールを持ち歩いて握力を鍛えた。「映画館の暗闇で指先を鍛えるため指を盛んに屈伸していたら、スリに間違えられたこともあった」と言う。

チームの練習のあと家に帰って食事をし、そこから同級生の松岡雅俊（早大を経て東映フライヤーズ＝現日本ハム＝入りした内野手）とともに20分ほどのランニングと300本の素振りをするのも日課だった。夏場は家の前のバスの修理場でパンツ一丁となってバットを振り、「周りから見たら怪しい男たちだっただろうな」と笑っていた。

汗をたっぷりかいたあと、松岡と銭湯に行くこともあった。中西は湯船につかりながら、「草津よいとこ〜」と草津節を歌い、銭湯の人気者になっていた。

ここで後日談。中西は歌が好きで、現役時代はオフの歌番組にもよく出て、自ら吹き込んだレコードもある。さらにあとの話だが、点数が出るカラオケセットを買って家でも歌っていたという。敏子夫人は「若いころはうまかったのですが、年を取って耳が遠くなってくると、少しずつ音程がずれていったんですよ。元の歌を勝手に編曲していましたね」と笑った。

親友・松岡と中西（左）

食べ盛りの年代でもあり、食の思い出も色濃い。

週末の遠征から帰って来たときに食べる高松市ライオン通りのハスイ食堂のカレーライスは「遠征の一番の楽しみじゃった」と話していた。桝形監督が大のカレー好きだったようで、親しい記者にこう言ったことがある。

「卒業して世の中に出たらライスカレーのおいしさを忘れないこと、いいお嫁さんをもらうこと。これが俺の甲子園戦術さ」

甲子園を目指して野球に打ち込みながらも、野球だけの人間にはなってほしくないということだろう。中西が、そんな人生を歩んだ一人であることは間違いない。

松岡との夜間練習のあとに食べたラーメンの話もよくしていた。

「貧乏だったし、おふくろがどうやってお金をつくってくれたかも分からんけど、毎日30円もらって食べていた。あれはうまかったな」

## 2本のランニングホームランで怪童の異名を取る

2年秋、新チームでは主将にもなった。センバツ出場は逃すも、3年夏には北四国大会の決勝で高松商高に勝利し、3度目にして、最後の甲子園に進む。

「北四国大会決勝は藤田（元司）君（のち巨人）がエースの西条北高（愛媛）かなと思ったけど、藤田君が高松商に負けたんや。藤田君とは練習試合ではよう当たったけど、球は速いし、いいピッチャーやったね。なぜか知らんが、年はむこうが2つ上なのに、学年は同じやったんじゃ」

甲子園の1回戦では岡山東高の秋山登（のち大洋ホエールズ＝現DeNA）からランニングホームランを打って勝利したが、2回戦の福島商高戦を前にOBから差し入れられたブドウ糖注射を打つと、体に合わなかったのか熱が出てしまった。

「だから試合前のメンバー表にも名前が載ってない。ノックも受けんで医務室で寝ていた。それでも試合では右中間に2試合連続のランニングホームランを打って勝ったよ。キャプテンだったし、なんとかしなきゃと思ってね。これも野球人生のなかで印象に残っている試合の一つだ。そういえば、岩村（明憲）君（元ヤクルトほかの教え子）がいる福島ホープス（現福島レッドホープス）の試合を見に行ったとき、情報を聞きつけて、そのときの福島商の人たちがわざわざ集まってくれ、一緒に食事をしたことがある。みんなわしよりよく試合のことを覚えていたな」

準々決勝では長身の2年生右腕・植村義信（のち毎日オリオンズ＝現千葉ロッテマリー

ンズ）がエースだった優勝候補の芦屋高に6対2で勝利。アウトにはなったが、正面で捕球した芦屋高の二塁手がひっくり返る、すさまじいライナーもあった。

中西は「これで優勝できると思った」と言うが、準決勝で京都の平安高に敗れた。0対4で迎えた9回裏、先頭の中西の二塁打をきっかけに3点を取ったものの、あと1点及ばなかった。

「平安は守備がいい洗練されたチームでね。木村進一監督（のち西村姓）が有名だった。戦争で片腕を失っていて義手にボールを乗せてノックをするんや。うまかったね。当時の監督はノックがうまいかどうかもあったんだ」

敗れはしたが、「怪童中西」の名は全国にとどろいた。

「怪童は飛田穂洲先生がつけてくれたらしい。人相が悪かったからかもしれないけどな（笑）。実際は気が弱いから緊張しまくりやったけどね」

飛田は初代の早大監督であり、学生野球の父と言われた人物だ。中西は飛田から直接声を掛けられ、あこがれの早稲田入学の夢をさらに膨らませた。

大会後、9月には熊本・水前寺球場での「東口杯全国選抜大会」に出場し（甲子園上位校と熊本の高校が参加してのトーナメント）、平安高を破り、優勝。中西はバックスクリーンに2本塁打するなど、3試合で打率6割以上を残した。

対戦はなかったが、この大会に出場した芦屋高の植村は、中西の本塁打を見て衝撃を受けたという。

「あんなごっついホームラン見たことなかったから。僕らのころはホームランと言ってもランニングホームランがほとんどで、サク越え自体、そんなに出ませんしね」

時は巡る。怪童が最後に甲子園の土を踏んだのは、85歳の2018年8月18日、100回記念となった夏の甲子園大会の始球式だった。

「当時のプラカードの女性とも会ったが、すっかり、おばあさんになっておったね。まあ、こっちはもうボケとるじじいだが（笑）」

直後に聞いた際、そう言って笑っていたが、ボールは見事ノーバウンドでキャッチャーのミットに収まった。

「朝早く起こされて、室内で練習せえと言われてやったら、ツーバウンド、スリーバウンドよ。4、5球でやめて『ワシは本番に強いんや』と言っていたら、ほんとになった。みんなびっくりしとったな」

そのときの顔は、いわゆるドヤ顔だった。

高校３年生夏の
甲子園開会式

第100回大会での始球式

## 吉田義男の証言「高松での太さんの人気はものすごかった」

記念大会の始球式の際、久びさに顔を合わせたのが、長年の友・吉田義男だった。ご存知、「牛若丸」とも言われた阪神タイガースの名遊撃手で、１９８５年、阪神日本一の監督でもある。

「太さんが亡くなられてもう1年ですか……。寂しいですね。コロナもあったんで、お会いしたのは、あのときの甲子園が最後でしたかな。一緒に写真も撮ったんですよ」

吉田とは２０２４年5月27日、大阪梅田の新阪急ホテルでお会いした。当時90歳。テレビの試合解説は時間が長いので断っているというが、日刊スポーツの評論家としては〝現役〟。記憶も分析力もまだまだシャープだ。

「岡田（彰布。阪神監督）は今年もよくやっていると思いますよ。今はどこも決め手がないけど、一番しっかりした野球をしていると思います。僕はね、岡田とは二回り、鳥谷（敬。元阪神ほか）とは四回り違いなんですよ」

阪神球団史を代表する内野手の干支が、いずれも酉年というのも面白い。

「われわれの世代では長嶋（茂雄。巨人）、王、張本（勲。東映ほか）に先んじ、太さんはプロ野球を盛り上げた大功労者じゃないですか。腱鞘炎やらがなかったら、ものすごい記録をつくったと思いますよ。僕は、そう思いますわ」

中西と吉田は同学年で、出会いは吉田が山城高、中西が高松一高時代にさかのぼる。

「当時、京都の平安と山城、高松一高と穴吹（義雄。のち南海）がおった高松商がセットになって行ったり来たりしていたんですよ」

高校野球人気が今より高く、甲子園の常連校が各地から招かれるなど、交流試合が盛んだった時代だ。

「最初、太さんを見たのは高松でしたが、びっくりしましたわ。同期でこんなすごい選手がおるんかなと思いました。肩が強くて、体は大きいんですが、ものすごく敏しょうでしたわ。打球はフォームがどうこうより、あのライナーです。私のときは幸いそんな打球はありませんでしたが、球が飛んできた内野手は怖かったでしょうね。高松の人たちも、太さんが傑出した能力を持っているのを知っていたんじゃないですか。球場は超満員で拍手が多く、人気はものすごかったですよ」

吉田は山城高2年夏に甲子園出場。中西は1年春夏、3年夏だからすれ違いとなる。

「太さんともよく話したんですが、夏の甲子園は客席が真っ白で、内野フライが見えづらいんですよ。あとは浜風ですね。今は、ずいぶん埋め立て地が広がってきましたが、昔はもう少し球場の近くまで海があった。高い建物もなかったし、風はそんなに優しくなかったから、フライがものすごい捕りづらいんですよ」

中西は高卒での西鉄入り、吉田は立命大を1年で中退しての阪神（当時大阪タイガース）入りで1年遅い。セ、パに分かれ、公式戦の対戦もなかったが、ウマが合い、会った際は話が弾んだ。

「こっちは太さん、向こうは、よっさん、よっさんと言ってくれましてね。食事に行ったとかそういうわけじゃないですが、いろいろ話すようになりました」

吉田は1953年の阪神入団当初、セカンド・河西俊雄の控え的な扱いだったが、強肩堅守が注目され、ショートのスタメンに抜てきされた。日系人の与儀真助がサードに入り、ミスタータイガース、藤村富美男がファーストに回った年でもある。同年本塁打、打点の2冠となっている藤村だが、年齢は37歳。慣れないポジションでもあり、時に吉田の俊敏な動きからの伸び上がるような送球をはじいてしまうことがあった。

「球界も世代交代の時期でしたね。巨人でも廣岡（達朗）さんが1年あとに入団してショートに入り、ファーストが川上（哲治）さん、僕は藤村さんで、太さんが田部（輝男）さんでしょ。皆さん、ベテランの功労者でした。詳しいことは知りませんが、太さんも苦労されたようですし、廣岡さんも川上さんがワンバウンドを捕ってくれないとか、いろいろあって大変だったらしい。僕もあちこち投げたら、藤村さんが『こらー!』ってね(笑)。でもね、それを技術の進歩に結びつけた。太さんもそうだったと思いますよ。いいところに投げなきゃとなったし、腰からヒザくらいの高さなら一塁手がはじいても僕らのエラーにはならんのです。だから藤村さんがはじくと、ひそかにほくそ笑んでいました。それだけいい球が行っているということですからね」

2人の入団以降、1950年代は西鉄が4度の優勝も阪神の優勝がなく、1960年代に入って阪神が1962、64年と2度のリーグ優勝も、西鉄は中西兼任監督の下での1963年のみと、高校時代の甲子園同様、完全にすれ違いとなっている。

「太さんは指導者に早くなられたでしょ、28歳かな。優勝は一度されていますが、腱鞘炎もあって苦労されたと思います。一生懸命やっているのに怠けて休んでいるみたいに言われましてね。僕はプレーイングマネジャーには昔から不賛成ですわ。村山(実。阪神のエース)もそうだったし、当時の流行みたいなところがあったけど、選手寿命を縮めたんやないかと思います。プレー一本でやったら、太さんは、もっとすごい記録をつくったんやないですか。私はそう思います」

## 生涯の恩師と妻、運命の2つの出会い

話を戻す。1951年10月、広島・福山での国体に出場したあと、中西に2つの運命の出会いがあった。

まず、伝説の名将・三原である。同じ高松出身で、旧制高松中から早大に進み、プロ野球では巨人の契約第1号選手としても知られる名二塁手だ。1951年は三原が西鉄ライオンズの監督となった年である。

西鉄の成り立ちについても簡単に説明しておこう。

1950年、2リーグ制誕生時、福岡に2つの球団が結成された。セ・リーグの西日本パイレーツとパ・リーグの西鉄クリッパースである。しかし、わずか1年で西鉄が西日本を吸収合併。その際、公募でニックネームをライオンズとした。

新生・西鉄ライオンズの監督になったのが、1949年に巨人監督として優勝を飾りながら、1950年は実権のない背広の総監督に追いやられていた三原だった。

代わりに巨人の監督となったのは、1949年途中シベリア抑留から帰国し、チームに復帰した水原だ。同じ高松出身で水原は三原の1学年上。大学時代には三原が早大、水原が慶大で対戦もしている。

水原は戦前の巨人のチームリーダーであり、当時から将来の監督候補と目され、後輩選手からの人望もあった。一方、優勝したとはいえ、選手と距離を置き、ライバルの南海からエースの別所昭（のち毅彦）を引き抜くなど、勝利に徹するドライな三原監督に反感を持っていた選手は多く、彼らが三原排斥に動いたことが、三原の総監督につながったと言われる。

当時の福岡は、東京からの移動も簡単ではない。さらに西鉄はパで7球団中5位、西日本はセで8球団中6位と低迷。吸収合併とは言え、選手はリーグに所属するという考えがあり、西日本の主力、南村不可止、平井正明（1953年から平井三郎）が巨人に移籍するなど、新球団は必ずしも1＋1が2になったわけではなかった。

周囲の目も、まさに「都落ち」と見る。プライド高き三原監督は、キャンプインに際し、「いつの日か中原《ちゅうげん》に覇を唱えん」と巻き返しを誓った。

初年度の1951年は3割打者、20勝投手が皆無ながら2位。ただ、山本（鶴岡）一人監督（1958年まで山本姓だが、以下はすべて鶴岡姓と表記する）の下、優勝を飾った南海には18・5ゲーム差と力の差は歴然としていた。

三原監督のすごみは、目先の戦いだけではなく、南海を倒すべく長期的な補強戦略を立てたことだ。もちろん、その先には打倒・巨人がある。

中西は言う。

「三原さんは九州に来られたばかりで組織もない、選手もいないというところから世代交代を進め、育てながら勝つという難しいことを考えられていたんだと思う」

新人選手補強でも陣頭に立ち、真っ先に目をつけたのが、怪童として名をとどろかせていた中西だった。

知り合いの高松一高の後援会長から中西が早大進学を希望しているが、学費の問題があることを聞き、西鉄本社に掛け合って学費を援助することにした。もちろん、早大卒業後、西鉄へという思惑からだ。

国体のあと、三原監督は、中西を秋季リーグの早慶戦観戦のため東京に誘い、早大野球部関係者に紹介するとともに、銀座に食事に連れて行くなどしている。

「成城の自宅にも招いてもらったんだけれど、もう映画のなかのような家庭で驚いた。庭にレンガでできたコンロがあってバーベキューができる。当時の三原邸には四男一女がいたが、それぞれの席に皿が置かれていて、メインディッシュを切り分けたりしてね。四国の田舎のあんちゃんはびっくりしたものよ」

その一女がのちの夫人、17歳の敏子さんだ。2つめの運命の出会いである。

中西は東京から高松に帰るのではなく、そのまま鳥取県米子での招待試合に向かうことになっていた。すでに下級生の新チームはスタートしていたが、「評判の怪童を見たい」という先方の希望に応えてだった。

このとき三原監督は「私も行こう」と言った。

「一緒の夜行列車に乗ったんや。ずっと2人だけ。雲の上の人だからね。恐れ多くて、まともに顔も見られなかった。何をしゃべったかなんてまったく覚えてない。緊張と椅子が硬いのとで、寝られんかったことをよう覚えとるよ」

鳥取では移動の疲れも見せず、4打数4安打、うち2本塁打と打ちまくった。

このあと急展開があった。中西は蚊帳の外だったが、毎日の関係者が中西獲得のため高松入りし、実兄と契約手前まできているという話が三原の耳に届いた。三原は急きょ高松に行き、母親に会うと「毎日ではなく、西鉄に来てもらえないだろうか」と直接交渉。小浪さんはなんとか中西の夢をかなえ、進学させてやりたいと思っていたが、そもそも援助なしで進学させる経済的余裕はない。「太、勘弁してくれ」と涙ながらに言い、西鉄の契約書にサインをした。

母の涙を見て、中西も泣いた。

早稲田進学の夢が消えたというだけではない。貧しさのなか、自分たちのために必死に汗を流して働いてきた母が泣いている姿を見て無性に切なくなった。

同時に恐怖心が奥底から湧き上がってきた。結果を出せなかったらどうなるのだろう。プロの試合を見たこともなく、ラジオで聴く音だけの世界だった。当時はまだ、高卒でプロ入りする選手が少なく、自分の未来がまったく想像できなかった。

怪童と言われ、体は人並み外れて強くなったが、まだ18歳。未知の世界が怖くてたまらなかった。

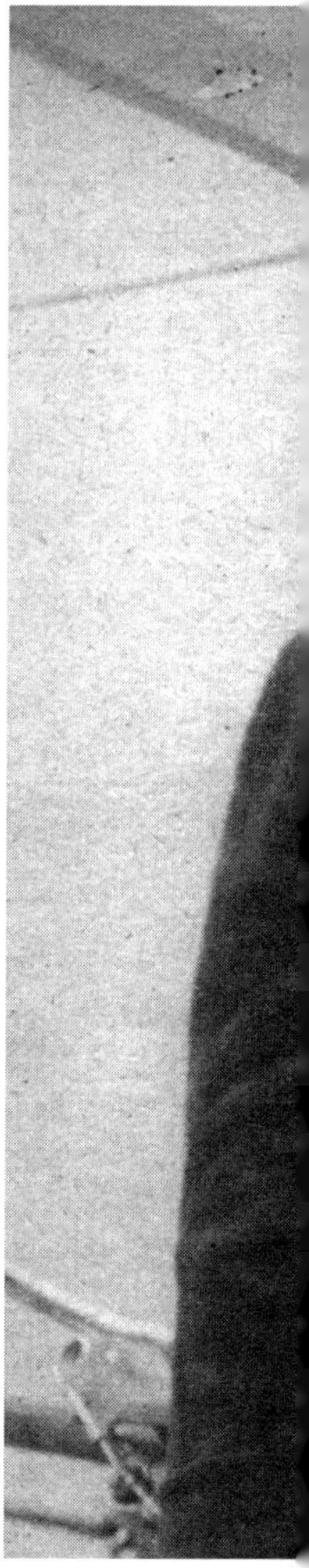

生涯の恩師となる
三原（右）と学生
時代の中西

# 第2章

# 西鉄黄金時代の記憶

## ▼1952年（昭和27年）

### 語り草となった初の打撃練習の快打

1952年、春の鹿児島県鴨池キャンプに参加するため高松を出発。キャンプ地にはチームより少し遅れて入る予定だったが、ダイヤ乱れがあり、博多駅に着いたとき、チーム本隊はまだ列車で待機中だった。

ついでにと「早く来て一緒に乗れ！」と合流を急かされた学生服の中西は、急いで大きな荷物4つのうち2つを手ぬぐいで結んで肩に掛け、もう2つを両手に持って駅の連絡橋を走った。振り分け荷物の姿を見て先輩選手は大笑いしたが、中西にすれば、荷物が多いときにいつもやっていたことである。

まもなく発車。席で一息つくと、前に座っていた先輩投手の野口正明が言った。

「硬くならんでよか。正座なんかせんでもよか」

ぶっきらぼうに話す博多弁が怒っているかのように聞こえ、慌てて答えた。

「正座はしておりません」

言い返されたと思ったのか、一瞬、ムッとした表情になった野口だが、あらためて中西を見て、あとは話し掛けなかった。中西は人並外れて太ももが太かったので、普通に座っていても正座したように見えたのだ。

のちに分かったが、野口はチームのうるさ型で、若手の教育係のような存在だった。キャンプ地での初めてのフリーバッティングも語り草になっている。三原脩監督に言われ、新人ながら一番に打席に入ることになり、自信なさそうな顔をしていた中西だが、いざ始まると大津守ら若手投手から次々快打を飛ばす。最後は「新米に打たれるなんてだらしないぞ！」と怒っていた野口がマウンドに立つも、やはり打たれてしまった。打球は球場外にも飛び、外野の向こうにあった旅館の窓を割ったというからすごい。

当時のエース・川崎徳次は、引退後の評論家時代の取材で「ガンという音とともに、ものすごい勢いで打球がレフトにはじき返され、ピンポン球のように消えていった」とそのときを振り返り、「私は弾丸ライナーの川上（哲治）も知っている。ラインドライブの青田（昇）の強打にも感心した。その後、長嶋（茂雄）、王（貞治）も見てきているが、私の目からは、この中西太を、打撃の第一人者と推すことに、なんのためらいもない」と語っている。例に挙げたのは他球団も経験する青田を含め、巨人だけでなく、球史を代表する強打者たちだ。

同年、キャンプ、オープン戦と好調を維持した中西は、開幕戦から七番サードでスタメン起用。いきなり打ちまくったわけではないが、徐々に結果を出していった。

「1年目は、ただがむしゃらにやっとったら、三原さんが我慢して使ってくれた感じだった。こっちは何も考えとらんし、将来の目標を立てていたわけでもない。日本中が貧しかったから、好きな野球をやりながらメシを食えたらいい、どんぶりメシを腹いっぱい食べられたら、なんでもするという気持ちだったよ」

球界も過渡期だ。2リーグ誕生時の新球団だった西鉄は、合併球団だけに寄せ集め感が強く、社会人出身の20代後半から30代の選手が多かった。プロ意識に欠けるところがあり、試合が終われば仕事は終わりとばかり飲みに出掛け、負けても反省の色はない。軍隊上がりの先輩が後輩に体罰や説教をしたり、飲み会で取っ組み合いのケンカをしたりすることもあった。

風貌もあって、中西はまったく動じていないように見えていたが、実は違った。

「ハナタレ小僧のわしはほんとに怖かった。こんな顔しとるが、気は優しいほうだしな」

若手を守ってくれたのは、三原監督だった。

「三原さんは軍隊で、半分死んでるんだ。足を銃で撃ち抜かれ、体も壊して帰ってきた。だから何があってもどっしりしていたね。飲み会でチャンバラになったとき、わしらが隅っこにいると、若い人を威嚇《いかく》するな、萎縮させるなと守ってくれた」

合理主義者の三原監督が、前時代的な上下関係を排除しようと思っただけではない。若手選手をしっかり成長させるためでもあった。

「育てるというのは、要は長所を伸ばすこと。だから心が萎縮するとダメなんだ。三原さんは叱り方、声の掛け方もうまかった。よく、いくらたたいてもあいつは平気とか言うけど、そんなに簡単に分からんよ。三原さんはそれを見抜く眼力が絶妙やった。一人でうまくなったように思わせることもできたしな。ミーティングで若い選手に注文を出すときも、必ず名前を挙げてプレーを褒めて、いい気分にさせてからするようにしていたからね。

ただ、甘やかすわけやないよ。厳しい人だったし、セオリーを守らなければ怒った。練習も基本を徹底的にさせたしな。そんな細かいことは言わないんだけれど、しつけがきちんとしていた。しつけって漢字で身を美しくと書くよね（躾）。それは厳しかったし、自分にも厳しかった」

三原西鉄は練習内容もすべてが効率的で、球界の最先端にあった。

「キャンプではアメリカ式というか、分刻みの近代的なスケジュールを採用していた。シーズンに入ってからもそうだが、とにかく無駄なことはしない方だったね。あと、九州というハンデをどうされるかも常に考えておられた。大阪、東京への移動も大変だったしな。大阪には練習場を借りて、着いたらすぐ練習できるようにしていたし、雨の多い九州で室内練習場も早い時期につくった」

当時の三原監督は、選手に対し、第2期黄金時代に入っていた古巣・巨人との比較をよくしたという。

「『巨人はこういうところをきちんとできるいいチームだ』とか『お前らなんだ、巨人の川上、千葉（茂）はこうだったぞ』とか、わしらが嫌がることを言って、気持ちを引き上げようとしていた。負けず嫌いが多いチームだったから、それがなおよかったと思う。また、そのあと、そういう巨人に勝ったことで、これから伸びようとする戦力にとって非常に大きなプラスになり、3連覇にもつながった。先の先まで計算していたんだな」

もちろん、当時まだ〝ハナタレ小僧〟の中西が、そこまで冷静に観察していたわけではない。すべてはあとになって思ったことだ。

## 〝青バット〟の天才打者・大下弘の入団

１９５２年４月、東急フライヤーズから政財界をも巻き込む大騒動の末に入団したのが、大下弘だった。

大下は、終戦後に新球団のセネタースに加入し、プロ野球再開の１９４６年にいきなり20本塁打でホームラン王に輝いた。同年、優勝したグレートリング（南海）のチーム本塁打が24本だからすさまじい。強烈なライナー性の打球が理想と言われた時代に、弧を描くような高い弾道も新鮮だった。〝赤バット〟の川上と並び〝青バット〟と呼ばれ、日本球界にホームランブームを起こした革命児である。

移籍前年の１９５１年にも当時の史上最高打率・３８３で首位打者に輝き、89試合の出場ながら2位に8本差の26本塁打でホームラン王となっていた（同年東急は１０２試合）。今なら、ヤクルト・村上宗隆が、２０２２年に三冠王を獲った翌年、突然、巨人に入ったようなものだろう。

甘いマスクで女性にもてた大下は、東急時代から遊び人としても知られていた。西鉄でも後輩たちを連れ、よく朝まで遊んでいたが、伝説として残る、二日酔いで試合に出ていたというのは本当ではない。自身はあまり飲まず、仲間や女性たちと、わいわい楽しく遊ぶのが好きなタイプだった。

「大下さんは、野球に関しては一切、手は抜かない人だった。だいたい、あの人はビールをちょっと飲んだら真っ赤になるしな。キャンプで前の日に飲みに行かれたとしても、わしらが朝起きて練習場に行くと、大下さんはもうランニングで汗をたっぷりかいておられた。そういう姿を知らん記者が面白おかしく書いただけよ」

大下は中西の打撃練習を初めて見たときについて、「あまりにガンガン打つものだから誰もバカバカしくなって、中西君のあとに打撃練習をする者がいなくなった」と話していたが、自分が「バカバカしくなった」と言ったわけではない。

「大下さんは西鉄に来たころは、ホームランはあまり打てんようになっていたけど、外もインコースも打てるし、柔らかいスイングで打率はよかった。負けず嫌いもあるんだろうね。わしと8つか10くらい違うが（実際には11歳）、若いやつに負けたくないという、三原さんの言葉じゃないけど、何苦楚（なにくそ）というのがあった」

何苦楚――。苦しさがのちの礎になるという意味だ。ほか「日々新たなり」「花は咲きどき咲かせどき」「人を見て法を説け」など、三原監督の言葉であり、中西の血肉となったものは多い。

同年の大下はチームトップの打率・３０７をマーク。99試合と出場数は少ないながら、中西を1本上回る13本塁打で意地を見せた（中西は１１１試合出場）。

## 「わしらが付き合っていたら電話交換手にばれるわ」

この年の7月16日、「平和台事件」と呼ばれる球史に残る大暴動があった。

平和台でのゲームで、敗色濃厚となった毎日が露骨な遅延行為を繰り返し、結局、日没ノーゲームとなると（当時の平和台にはナイター設備がなかった）、怒った西鉄ファンがグラウンドに乱入し、毎日の選手に襲い掛かったのだ。

「わしはあの試合にはおらんかった。その前日の試合（15日の同戦ダブルヘッダー第1試合）でファウルを追って板のフェンスに顔面から激突したんや。前歯が7本折れた。あれがコンクリートの壁だったら死んどるよ」

それでもボールは離さず三塁走者を刺してから気絶し、意識が戻ったときは担架の上だった。その後、中西は笑ったときのキラリと光る金歯が代名詞になる。

「事件はその翌日で、寮で休んでいたら、いつまでもみんな帰ってこなかったんで何があったのかと思っていたんだ。ほんまかどうか知らんが、わしがぶつかったとき、笑っていた毎日の選手に西鉄ファンがカッカしていたからだとも言われている」

平和台球場は1949年に完成し、西鉄のフランチャイズになった。熱狂的なファンが多いのだが、だらしないと思えば味方でも強烈にヤジりまくり、物をどんどん投げ込んだ。当時福岡市近郊には炭鉱町が多く、仕事終わりに酒を飲みながらバスでやってくる荒くれ者たちもいた。

東京から来た三原監督に対する西鉄ファンの複雑な思いもある。言い方は悪いが、「よそ者が偉そうに」となりやすかった。

新人の中西は、過激なヤジに恐怖を感じたこともあったという。

三原監督は当然、見た目とは違う中西の繊細な性格を分かっていた。悪い虫がつかぬようにと思ったのか、関東遠征では成城学園にある自宅に招き、ともに食事をすることが多かった。最初はほかのチームメートもいたが、次第に中西一人だけが多くなり、年が近かった三原の子どもたちときょうだいのような関係になる。三原家の庭で息子たちと相撲をしたり、休みの日には一緒に湘南の観光地へと遊びに行ったりすることもあった。

しばらくして大阪や福岡で試合がある際、決まって三原家の電話が鳴るようになった。

三原ではない。中西だ。「あ、中西です」から始まり、たわいもない世間話や試合の結果を面白おかしく話した。

誰宛てというわけではないが、電話を取ることが多かったのが敏子さんだった。

「そこから付き合いが始まったのですか」と尋ねると、「わしと彼女が付き合っていたとしたら電話交換手にバレてるよ」と言って笑った。当時の電話は交換手を挟んでつながれ、交換手は会話を聞くこともできた。

同年西鉄は3位。中西は打率・281、12本塁打、65打点、16盗塁で新人王に輝く。大下との交換トレードで東急に移籍した深見安博が25本塁打でパ・リーグのホームラン王だから、1年目としては十分過ぎる成績である。

中西、大下の獲得と、投手陣では三原監督に言われてサイドスローになった野口が23勝を挙げ、在日米軍のマリオン・オニール投手、ビリー・ワイヤット遊撃手と〝アルバイト契約〟するなど、三原戦略がさえわたったシーズンでもあった。

## 運命を変えた打撃フォーム改造

成績はともかく、技術的には大きな課題を感じたルーキーイヤーだった。

「最初はバットを寝かせて構える早稲田式の水平打法で、ポイントも前。でも、それではプロの変化球がなかなか打てなかったんだ。どうしてもボールを追い掛けて体が泳いでしまったんやね」

オフになるとすぐ高松に帰省し、高松一高のグラウンドで練習をした。そこにたまたま西日本から移籍し、巨人の正遊撃手となっていた平井三郎がいた。平井は徳島商出身で、社会人時代に高松一高に招かれ、高校生の中西に指導したこともある。

「あれこれ理屈を言うわけじゃない。私服でスライディングを実演してくれたり、泥まみれになって教えてくれる人だった。ふつうそんなことせんよ。それも情熱やね。

このときも多くを言われたわけじゃない。もっとポイントを近くして打ったらどうかとだけ言われた。昔は誰かが教えてくれるわけでも、系統だった理論があるわけでもない。そこから、いろいろ工夫して死ぬ気でやったよ。今はフォームを簡単に変える選手もおるけど、そんな軽い気持ちじゃない。ダメならクビになるかもしれんと思って必死にやった」

もともと練習の虫だった中西だが、そこからさらに激しい練習を重ね、毎日バットを振って振って振りまくった。

「わしが大男と思っている人もいるようだが、身長は174センチ、今の球界ならチビなほうや。ケツはどっしりしていたけどな。それが努力して努力して強い球を打ち返す技術を学んだ。要は、ボールを引きつけて内転筋を使って腰を鋭く回す。徹底的にバットを振ったよ。合宿所の庭で葉っぱをボールに見立てて目標にし、確認しながら振った。あらためて思ったのは、バッティングは腕の力じゃないということや。下半身から力を伝えていかなきゃいかん。重心の送りと軸足の蹴り。引きつけて引きつけてガッと振る。下半身も崩れてはいかんから、しっかり踏ん張る。そのうち手のひらじゃなく、足裏にマメができてくる。もう死に物狂いやね」

外角球に目付けをし、引きつけて右中間に強く打ち返すイメージだった。インコースを意識すると、どうしても体の開きが早くなるからだ。そのタイミングだとインコースが詰まってしまうように思うが、「腰を鋭く回転させて押し込めば、余力で飛んでいくんだ」とも言っていた。

「だから詰まってもいいんだ。バットが折れてもホームランを打ったと言われるけど、そういうことだね。生まれつき体が柔らかいのもよかったと思うよ」

三原監督から打撃について何か言われたことはなかったが、時々、「行くぞ」と言われ、打撃の神様と言われた巨人・川上ら、他チームの選手の話を聞きに行ったことはある。

「技術論というより、川上さんが畳が擦り切れるまで素振りをしたとか、そういう話。みんな勉強になった。素直に聞く気持ちは大事よ。それがあると伸びる。ただ、それだけじゃダメ。言われたままじゃなく、自分で理解し、工夫する気持ちがないといかん。わしはそれをしていたから人に教えられるというのもある」

努力する天才、中西らしい言葉だ。

## ▼1953年（昭和28年）

### 豊田泰光ら続々入団する後輩の野武士たち

「戦争のあとというのは1年でまったく違うんや。世の中も、人もそうだった。がらりと変わる。わしの1年後に豊田君が入ってきたが、まったくわしらと違った。ズケズケものを言うしな（笑）」

プロ1年目を終えたあと、1953年に水戸商高から入った豊田泰光だ。この年は、ほかに投手の河村久文（のち英文）、西村貞朗、外野手の高倉照幸ら、その後、中軸となっていく高卒選手が入団。顔は怖いが気は優しい中西と違い、豊田は眼光鋭い顔立ちのとおり、人一倍負けん気が強く、先輩選手や年上のマスコミにもまったく物おじしなかった。

実力もあった。前年の中西同様、キャンプの打撃練習で猛アピールをしたが、中西との違いは守備だ。入団時からサード守備もうまかった中西に対し、豊田の守備は今一つ。それでも三原監督は開幕3戦目に九番ショートでスタメン起用。いきなりエラーをして途中交代となったが、翌戦もスタメン起用されると第1号本塁打を放ち、そのまま打ちまくって定位置をつかんだ。

ただ、守備では変わらずエラーばかりで、よそ者に厳しかった西鉄ファンをカッカさせた。しかも、豊田にはまったく罪はないが、開幕からショートのスタメンに入っていたのが、地元の名門旧制中学・修猷館（現修猷館高）出身の河野昭修だ。どうしても「うちの河野を生意気で下手くそな水戸の豊田がはじき出した」となる。

エラーや凡退のたび、味方ファンにも強烈にヤジられ、先輩選手に怒鳴られた。要のショートだけに失点につながるエラーも多く、「わしが投げるときはトヨを外してください」と川崎が三原監督に直訴したこともある。

それでも三原監督は使い続けた。豊田もまた、ひるむことなく、なにくそと反骨心を燃やし、ヤジった客をにらみつけ、文句を言う先輩には不敵に目を光らせた。

「少々守備に難があってもショートで豊田君を使い切ったのは、三原さんの洞察力やな。それで豊田君の素晴らしい闘争心と、思い切りのいい打撃が生きた。彼には、どんな場面も思い切りいける度胸がある。本人も守っていたときは不安があったと思うよ。でも、豊田君はエラーしても打てばいいと考えられる男だった」

最終的には打率・２８１、27本塁打で新人王となったが、三振92、失策45は、いずれもリーグ最多。三原らしく先を見ての我慢の起用でもあった。

２年目を迎えていた中西は、同年の１２０試合すべてに出場して36本塁打、86打点で本塁打王、打点王の２冠。当時表彰はなかったが、１４６安打でリーグ最多安打もマークしている。打率・３１４は首位打者の南海・岡本伊三美に４厘差の２位と三冠王にも近づいた１年だった。

同年のホームラン占有率がまたすごい。２位は豊田の27本だが、それ以外は上位も10本台。近鉄パールス、大映スターズのチーム本塁打より中西一人のほうが多く、一人でリーグ本塁打の９・３パーセントを占めている。これは２０１１年に西武・中村剛也（10・6パーセント）が抜くまで最高記録だった。１９５３年のパは７球団だったので、２人の記録はほぼ同格、あるいは中西が上と言ってもいいかもしれない。

球が飛ばないと言われた時代ながら、中西の場合、本塁打数だけでなく飛距離もすさまじく、場外弾も珍しくなかった。

8月29日、平和台で史上最長と言われるホームランを打ったのもこの年だ。

「大映の林義一さんからね。確かスライダーが外角寄り高めに来たと記憶している。感触はよかったけど、ライナー性だったからホームランにはならんと思って必死に走り、球の行方なんか見ておらん。どのくらい飛んだか分からんから、こうやって聞かれても自慢できないんや。あの日、球場にいて、あのホームランを見ていなかったのはわしだけかもしれんね」

飛距離は162メートルとも言われ、平和台のバックスクリーン上部の打球の通過点に長く記念の印が設置されていた。技巧派サイドで同年17勝の林は「中西は振り回しているように見えながらミートがうまい厄介な選手だった」と話していた。

辛口の豊田も中西の打撃だけは例外だ。

「太さんは伝説となっている平和台の一発より、もっと飛ばしたホームランもあったと思う。昔は球場の外が暗くてよく分からなかっただけでね」

一人別次元にいたと言っていい。

## 植村義信の証言「別当薫さんがメジャーでも見たことないと驚いた」

この年、毎日に甲子園で対戦した芦屋高の植村義信が入団。2014年、中西との対談で次のように話していた。

「僕が毎日時代、中西さんの打球を足に当てて、もうプロではやっていけませんとやめてしまった先輩のショートの人がいました（有町昌昭）。そのくらい打球が速かった。僕もシュートを投げてバットを折り、三塁側にバットが転がったから打ち取ったと思ったら場外ホームランだったことがあります。

毎日にはアメリカに行き、メジャー・リーグも勉強されていた大打者の別当薫さんがいましたが、最初、中西さんの打球を見て、『こんなのメジャーでも見たことない』と驚いたそうです。別当さんはセンターでしたが、中西さんの打球に前進していったのがバックスクリーンにドンと当たったときもありましたね」

天賦の才はあったが、決してスマートなプレースタイルではなかった。練習でも試合でも常に汗だく、泥まみれ。ぎりぎりの全力プレーが身上だ。走塁もアグレッシブでヘッドスライディングも珍しくなかった。

この年、盗塁36で史上3人目のトリプル3も達成。もちろん、100メートル11秒台という中西の俊足があってのことだが、隠れた理由が三番・中西のあとを打つ、四番・大下の存在だった。

「三原さんが指示したことだが、わしが塁に出ると、大下さんが自分の判断でヒットエンドランのサインを出していた。相手は三原さんの動きを見ているから混乱するよな。いくらサインを出しても大下さんが見落としばかりするから始めたことだけど、自分で出したほうが責任感も出るし、成功率は上がった。

ただね、サインがうまくいったように見えたのは違う理由もあった。ヒットエンドランは、大下さんがベルトに手をやるのがサインだったが、わしがそれで走ると、大下さんは悪い球、苦手のコースだと打たないで、平気で見逃してしまう。それでも、わしも当時は俊足だったから盗塁の形で収まるんや。大下さんが打たない球は大体変化球だから、その分、球速がないわけで、走りやすかったこともあった」

しかし、翌年以降は徐々に盗塁数が減っていく。

「三原さんに、『三番、四番を打つんだったらケガするから無理な走塁はやめなさい』と言われて、そのあとは控えた。あれから肥えたのかもしれんな。オリックス（・ブルーウエーブ）のコーチをしているとき、イチローに『わしも若いときは、お前と同じくらい速かったんや』と言ったけど信じてくれん。『ずっと肥えてたわけやない。昔は痩せとったんじゃ』って言ったんだけどな」

とはいえ、〝大下効果〟の継続もあって翌年も23盗塁。入団6年で124盗塁とよく走っている。

この年は中西、豊田の活躍にもかかわらず、チームは4位。課題は投手陣だ。川崎が24勝もそれに続く選手がいなかった。

それでも西鉄は優勝した南海に11勝9敗と勝ち越し。鶴岡一人監督は、打線の大型化が進む西鉄に強烈な警戒心を抱いていた。

▼1954年（昭和29年）

## 初めての優勝と最適の一塁手、河野昭修

1954年には東筑高から仰木彬が入団した。ほかにも高校生を大量に入団させ、20代

前半がほとんどを占める若いチームとなる。特に投手陣は33歳の川崎、29歳の野口を除けば、23歳が最年長だった。

仰木は投手での入団だったが、三原監督は自身の現役時代のポジションだったセカンドに回し、猛烈なノックを浴びせた。仰木が気絶しかけながら「この野郎！」と叫び、三原監督に捕った球を投げつけたという伝説も残る。

三原監督が仰木を自身の福岡での下宿に通わせ、毎日1時間の〝講義〟をした時期がある。仰木は「夜遊びばかりしていた自分への戒め」と話していたが、実際には仰木の指導者の資質を見抜いた英才教育だったのかもしれない。

前年、豊田とのショートの定位置争いに敗れ、セカンドで定位置をつかみかけていた河野は、今度は仰木に追われ、一塁に回った。レギュラーではなかったとは言え、最初はサードをしていたのが、中西の入団でショートに回り、豊田の入団でセカンド、仰木の入団でファーストに回ったことになる。

中西は「これが河野さんにもチームにとってもよかった」と言う。

「河野さんの一塁守備はうまかった。当時一塁守備というのはあまり重要視されていなかったが、河野さんが変えた。頭のいい人だったし、よく考えたプレーをされた。近代野球の皮切りと言っていいんじゃないかな。わしも安心して送球ができたしね」

肩の強い中西のスローイングは速く、しかも強烈に伸びる。それまで一塁を守ることが多かったベテランの田部輝男は低い球をはじいてしまうことも多かったから、河野の堅守で、中西のプレーがよりアグレッシブになったのは確かだ。

逆に、河野も中西三塁手によって鍛えられた。

河野が一度、中西に左手を突き出して見せたことがある。

「お前の投げる球を受けとったら、こうなったぞ」

笑顔だったが、手のひらは赤く腫れ上がっていた。

「バカ力だよ。お前の球が恐ろしく速いから、まともに受けたら手がしびれて、ふくれ上がってしまうんだ」

中西とともに甲子園に出場した高松一高の1学年先輩、玉木春雄も入団。法大を中退し、高松に帰っていたが、野球への思いを断ち切りがたく、同郷の三原監督、中西がいた西鉄のテストを受け、入団した。現役は3年だったが、その後、長く一軍のマネジャーを務め、中西の兼任監督時代を陰で支えた男だ。

すでに亡くなられたが、平和台球場跡地近くにある記念碑の設置は、西鉄OB会の幹事だった玉木が中心となって話を進めたものだ。設置されてからは毎日のように出向き、平和台球場のレプリカを丁寧に磨いていた。

この年、西鉄は開幕から11連勝と飛ばしたが、途中、毎日と競り合いになり、後半戦では8月下旬から18連勝もあった南海が猛追撃。最終的には90勝47敗3分けで球団初優勝を飾ったものの、2位の南海は91勝49敗0分けと僅差だった。

「西鉄と言えば、みんな巨人との日本シリーズを覚えていてくれる。確かに強い巨人を破ったことはうれしかったけど、それよりレギュラーシーズンよ。南海という隙のないしたたかなチームと毎年厳しい戦いをした。南海は本当にいいチームだったね。いい投手もたくさんいたよ。あの年は宅和（本司）がデビューし、素晴らしい球を投げていたしな」

新人・宅和は、この年、26勝9敗、防御率は1・58で最多勝、最優秀防御率。翌年も2年連続最多勝だったが、以後、故障もあって鳴かず飛ばずで引退した。酷使もあって短命な投手が多かった時代である。

同年、捕手の野村克也も南海に入団したが、まだ一軍出場は9試合と少なく、中西の記憶にはない。

中西は打率・296と3割に届かなかったが、10試合の欠場がありながら31本塁打で2年連続ホームラン王を獲得した。

日本シリーズの相手はフォークボールの神様・杉下茂を擁する中日だった。チームは杉下の快投の前に3勝4敗で敗れたが、中西はホームランこそなかったものの、打率・320、3打点をマークしている。

「杉下さんのフォークはすごかった。キャッチャーが捕れない球だから打者が打てるわけがないよ。長身から投げ下ろす低めの速球にも威力があった。ただ、惜しくも負けたが、あの経験は大きな自信になったね」

まだ、21歳、すべてが糧になっていく。

▼1955年（昭和30年）

## 「わしのライバルは山内一弘さんしかいない」

1955年は捕手の和田博美（のち博実）が入団。投手でも若生忠男をはじめ高校出の選手が大挙入団し、さらに若返りが進んだ。

ペナントレースはまたも南海との競り合いとなり、夏場には幾度となく首位交代を繰り返したが、その後、西鉄は息切れをし、9ゲーム差の2位に終わっている。

中西は打率・332で初の首位打者。35本塁打で3年連続ホームラン王となった。打点で1打点及ばなかったのが、1学年上で同じ1952年にプロ入りした毎日の山内和弘(のち一弘)である。打率では中西に7厘差の2位だった。

すでに優勝が絶望的となった最終盤、三原監督は中西をスタメンから外し打率をキープさせつつ、打点を取れそうな場面で代打として登場させる策をとったが、逆に力が入ってしまったか、打点を1しか増やすことができなかった。

中西はいつも山内の話になると饒舌《じょうぜつ》になった。

「わしのライバルは山内さんしかおらん。最高のライバルであり、野球界の親友でもあった。当時の野球界では、わしと山内さんくらいじゃないかな、広角に打って、しかも長打があるというのは。野村君も右に打ったが、ホームが狭い大阪球場だからね。

山内さんとは一緒に苦しみ、認め合い、尊敬し合える人だった。本当のライバルだね。向こうもわしが苦労してるのを見とるし、わしも見ている。教える立場になっても、お互いいろいろな球団に行ったしね。素晴らしい功績を残した人だった」

山内も中西同様、引退後、名打撃コーチとして複数球団で多くの選手を育てた。情熱的な指導が共通点だが、しつこさでは中日監督時代の1984年、試合前に敵である広島東洋カープの高橋慶彦を指導していた山内が勝るかもしれない（高橋は広島臨時コーチ時代の教え子だった）。

1999年、山内が台湾の和信でコーチをしているとき、現地で名人芸とも言われた内角打ちの話をお聞きしたことがあった。事細かに教えていただき、途中いきなり立ち上がると、近くにあった傘を持って内角球の打ち方を実演し、驚いた記憶がある。

山内は1956年の取材で中西についてこう話していた。

「世間では僕のライバルは中西君だと言うが、僕にしてみればライバルなんて生易しいものじゃない。何かもっとかけ離れたもののような気がします。体力的にはかないっこないのは分かっています。技術的に追い越すほかに僕の取る道はありますまい。

中西君と僕も、チームのために打って打って打ちまくらなければいけません。2人のバッティングがチームの成長に影響することもしばしばあります。中西君は三番、僕は四番の重責を負わされています。どうしても打たなければならない立場にあるのですから、僕としては中西君の上を行く打率を挙げたい。そうすることによって、幾分でも毎日が西鉄の上に出ることができれば本望です」

優勝を狙うライバルチームの看板打者として強く意識し、絶対に負けたくないという思いが伝わる。

山内は台湾での取材で「最高のホームランはスタンドぎりぎりに入るもの。どうせ新聞には飛距離は出んしね」と言っていたが、それもまた、「飛距離では中西にかなわんが、数では負けん」との思いがあったからかもしれない。

同年セ・リーグは巨人が優勝し、南海も破って日本一となった。

▼1956年（昭和31年）

**三原脩監督の娘婿となった際に言われたこと**

1956年1月7日、中西は前年暮れに婚約していた三原監督の娘、敏子さんと結婚式を挙げた。青春映画『青い山脈』の出演で注目を集めた女優・杉葉子さんに似ていると評判だった敏子さんと、荒々しき西鉄の猛者・中西のカップルは「美女と野獣」とも言われ、世の男をうらやましがらせた。

中西は「後援会の人が話を進めただけ。三原さんの娘やったから、いろいろ憶測するかもしれんが、わしからは一度も嫁にくれとは言うとらんのだけどな」と言っていた。敏子夫人も「兄妹みたいな感じだったので、特に意識はしていませんでした。2人でそういう話もしていなかったんですけど。父から言われて『ああ、そうなのか』くらいでした。気を使わなくていいのかなと」と言うが、あらためて長女の則子さんに聞くと、

「周りがやきもきして、話を進めたと聞いています」

どうやら互いにこの人と思いながらも、なかなか前に進めなかったようだ。

それでも前述の福岡、大阪からの電話に加え、「オールスターの賞品だけど、わしはいらんから」と真珠のイヤリングをぶっきらぼうに敏子夫人にプレゼントするなど、照れ屋の中西なりの行動には出ていた。

「一度、運動靴を買ってやるぞ、と言われ、銀座の店に一緒に行ったこともあります。結局、ハイヒールを買ってもらって、ラッキーって（笑）」

と敏子夫人。これはもうデートとしか言いようがないだろう。

三原監督は結婚に反対したわけではないが、自分から強く勧めたわけでもない。ただ、結婚直後、球場からタクシーで帰るとき、同乗した中西にこんこんと説いたことがある。

「虎の威を借るな。人間関係は上から押しつけてはいけない。誠心誠意尽くすことが大切だとおっしゃった。何度も言われたのは、うぬぼれてはいかん、楽して金をもうけようと思ってはいかん。人間はいつも修羅場にいる気持ちを忘れるな、だったね。たとえ裏切られても、決して泣き言を言うな、とも言われた」

スター選手であり、監督の娘婿にもなった中西が周囲からどのような目で見られるか。ちやほやされるだろうが、ねたみで見る人、つけこんで甘い汁を吸おうという人も少なくないはずだ。ぶれない芯をしっかり持ってほしいということだろう。

かわいい一人娘を嫁がせるからだけではなく、三原監督のなかに、中西を指導者としても自身の後継者にしたいという思いが強くあったに違いない。

「中西は義理の親子だから三原さんにかわいがられたと言うやつもおった。わしはあの人の娘と結婚はしたけど、別にかわいがられてはいないよ。こっちも、もう結果を出していた時期だったしな。最後まで距離感はずっと同じだったね。あの人のことをわしなんかが、あれこれ言えんよ。大監督や」

取材の際、三原監督について「三原さん」「オヤジさん」「オヤジ」といろいろ呼んでいたが、最初のころは取材のあとで原稿を見せると、「わしがオヤジと言うわけにはいかんやろ。三原さんにしてくれ」と言われたことがあった。

結婚生活に入り、敏子夫人が一番大事にしたのは食だった。

「実家ではしょっちゅう選手の方が見えて、食事に関しては母（妙子さん）も気を使っていましたので、その母を見習った感じです。バランスのよい食事を心掛けていました。好き嫌いはそんなにないんですが、最初は肉ばかりで、野菜をあまり食べなかった。グラタンとか乳製品も全然食べられなかったのですけど、子どもができて、よく離乳食を食べさせてくれたんですよ。フーフーしながら一緒に。離乳食は乳製品を使ったものだったので、それを自分でも少し口に入れているうちになじんできたのか、自然と好きになって、グラタンにしてくれと指名するようになりました」

実は敏子夫人、以前より美食家だった三原監督に料理の腕を鍛えられていた。三原監督が家族を連れて外食をすると、何日かして「この間に食べた、あれをつくってくれ」と無茶ぶりをしてくるのだ。

「だからあとで困らないように、しっかりと味わいながら何が入っているのか、どうやってつくっているのかを考えながら私は食べていました。分からないときはコックさんに聞いたりしていましたね」

　これは2016年の取材のときの話だが、中西が「うちはごちそうばかり食っているんだ。でも、お金をかけないごちそうだな。彼女のここがいいからね」と言ってポンポンと腕をたたくしぐさをしたことがある。

　年齢を重ね、ぜんそくや不整脈の持病もあった中西の健康を考え、敏子夫人の料理はいつもひと手間もふた手間も掛け、栄養たっぷり、愛情たっぷりの品々がそろっていた。


　蛇足になるが、1956年の『ベースボールマガジン』で、三原監督夫妻、新婚の中西夫妻、三原監督の長男・博さんで、文化人・石黒敬七さんがホストの『トンチ対談』に登場いただいていた回があった。文中に石黒さんが三原家に「火星の土地、1万坪をプレゼントした」という箇所があったが、実際、石黒さんは日本宇宙旅行協会（?）の理事をし、火星の土地の所有権利書を各国元首、著名人に贈っていたらしい。

　記事を見せると、敏子夫人は、「取材はなんとなく覚えているのですが、火星の話はみんな忘れていて、家の机の奥から火星の土地の権利書と書かれたものが出てきたとき、これなんでしょうとなったことがあったんですよ。やっと分かりました」と言って笑った。

新婚時代の中西夫妻

三原家と中西夫妻（前列は右から妙子夫人、三原、中西、敏子夫人。後列は三原家息子の右から成彬さん、修久さん）

## 鉄腕稲尾の入団。いざ、黄金時代へ

1956年から、いよいよ西鉄黄金時代の3年間が始まる。

つわものがそろった最強軍団に欠けたラストピースが絶対的エースだったが、それを埋めたのが、この年、別府緑丘高から入って来た稲尾和久だった。

当初は同期入団の左腕・畑隆幸の評価のほうが高く、稲尾自身は「ダメなら打撃投手の扱いだった」と振り返る。まだ寒さが残る島原春季キャンプでも、来る日も来る日も打撃練習で投げ続け、1日の球数が600球近くになることもあった。

中西は新人・稲尾の印象について、「ゴボウのように細っこい田舎のお兄ちゃん。満足に変化球も投げられず、大丈夫かいなと思っていた」と言っていた。

のちに魔球と呼ばれたスライダーを操った稲尾だが、当時は真っすぐだけ。ただ、右打者なら内角はシュート、外はスライダーと打者の近くでナチュラルに変化し、バットの芯を外すクセ球だ。打撃練習で凡打を繰り返した中西、豊田らが「面白いピッチャーがいます」と三原監督に進言しての一軍入りだった。

稲尾は敗戦処理からスタートして途中から先発入り。そこから勝ちまくって21勝を挙げ、防御率1・06で最優秀防御率、さらに新人王にも輝いた。

中西にはマウンドでの若き鉄腕の雄姿とともに、ふだんのかわいい後輩としての姿が印象深く残っている。

「わしは遠征では仰木君、稲尾君と同部屋になることが多かった。部屋子じゃな。2人ともわしの財布をあてにして遊んだもんや。旅館の浴衣を着たまま一緒にラーメン屋に行ったりもしたよ。でも彼らのほうが大人だったな。わしのほうが子どもで、繊細なところもあった。わしは酒は付き合いだけだが、あいつらは夜の帝王だしね。わしが寝てから帰ってくることのほうが多かったよ」

稲尾の名誉のために付記するなら、中西との同室はプロ2年目からだった。同年6月10日には、稲尾青年もめでたく20歳となっている。

中西の相部屋となると、必ずついてくるのが、伝説の素振りだ。

「わしは素振りをしないと眠れないので、彼らが寝ていても、かまわず振った。夏は素っ裸で素振りをしたこともある。当時はクーラーもないし、汗だくじゃ。服着てバットなんか振ってられんじゃろ。

三原さんはよく『日々新たなり』と言っていた。その日のことは、その日で終わりなんだ。だから、その日にすべきことを後回しにしたらいかんということやな。単純なようで難しく、深い言葉だ。あのころ野手はマッサージなんかしてもらえんから、自分で柔軟体操をする、バットを振る。きついけど、地道なことの積み重ねが力になる。合宿や家の庭だったり、部屋のなかだったりしたけど、とにかく毎日バットを振った。予習、復習やな」

宿舎のガラス窓が揺れ、ガタガタと大きな音を立てた強烈な素振りはチーム内でも話題（苦情の的）となり、三原監督がこっそりのぞきに行ったこともあった。

「寝るのが趣味」とも言っていた稲尾は、あくまでおとなしく部屋にいるときだが、中西が顔の上でビュンビュンとバットを振っていてもいつも高いびき。部屋でにぎやかに麻雀をしているときも平気で寝ていた。

あるとき、麻雀をしていた中西が、寝ている稲尾の頭をピシャリとたたいて起こしたことがある。

少し前に中西のタイムリーエラーで負けたことがあったのだが、稲尾が寝言で「サードに打たすな！」と言ったのだ。

「たまたまやないか！　いつもしっかり守っとるやろ！」

もちろん、本気で怒ったわけではなく、そのあとみんなで大笑いになった。当時、20代前半がチームの主力となっていた。夜の宿舎で修学旅行のように大騒ぎし、相撲を取ったり、肩を組んで歌ったりもした。

西鉄黄金時代はまた、野武士たちの青春時代でもある。

1956年、開幕してまず走ったのは毎日だったが、これを南海が12連勝もあって追い抜く。西鉄はもたつき、9月には首位の南海に7ゲーム差をつけられた。

しかし、西鉄は稲尾の「酷使の世界記録」とまで言われた連投もあって猛烈な巻き返しを見せ、逆転優勝。とはいえ、南海はいつものようにしぶとかった。96勝51敗7分けの西鉄に対し、96勝52敗6分けと0・5ゲームの僅差だった。

中西は本塁打王、打点王の2冠。打率も豊田と競った。僅差で豊田がリードしていた最終戦では、優勝がすでに決まっていたこともあり、所用があった三原監督は試合の指揮をベテランの川崎に委ねている。悩んだ川崎だが、三原監督の思惑も推し量り、最終的には2人を休ませ、豊田が初の首位打者となる。豊田が・3251、中西は・3246だった。

中西は特に気にしなかったが、豊田には「俺はタイトルを譲ってもらったわけじゃない。試合に出ても獲れていた」という思いが残った。

追い打ちをかけたのが、日本シリーズ前日に発表されたMVPだ。記者投票で中西が受賞。豊田は自身が中西より11試合多く出ていたこともあり、自分のものと思っていたようだ。中西は「本当の最高殊勲選手（MVP）はトヨだよ」と話していたが、その気配りでまたカッとなるのが、負けん気の塊、豊田という男だった。

**米田哲也の証言「インコースのスライダー勝負。バクチですよ」**

この年、鳥取・境高から阪急に入団したのが米田哲也だ。1年目から先発ローテ入りし、9勝15敗。のち「この年あと1勝していたら20年連続2ケタ勝利だったんですけどね」と言っていたことがある。快速球と〝ヨネボール〟とも言われたフォークを武器に、〝ガソリンタンク〟の異名を取った通算350勝の右腕だ。

同年、米田は新人ながら中西を12打数2安打と抑え、現役通算でも打率・238と相性は悪くない。中西は南海の皆川睦男（のち睦雄）らアンダースロー投手をやや苦手にし「下手投げでインコースを突かれると打ちにくい」と話していたが、オーバースローからの速球で攻めてくるタイプは得意だった。米田は例外と言ってもいい。

2024年で86歳を迎えた米田に電話をすると、「最近、少しヒザが痛いんですよ」とは言っていたが、「散歩は日課。途中公園でちょっと体操してね。元気は大切ですから」と声は明るい。中西全盛期に対戦経験がある貴重な証人でもある。

「中西さんを抑えている？　その印象はないな。とにかく体の柔らかい人でした。ふにゃふにゃしていましてね。抑えるコツはインコースのスライダー、今で言うフロントドアです。ただ、これも紙一重で、甘くなるとホームランです。バクチですよ、バクチ。でも当時の阪急は打線が弱かったし、バクチでもやらなきゃ勝てなかった。

西鉄は強かったですからね。一番の高倉さんから始まり、まったく気が抜けない。なかなか勝てなかった。でも、僕はそんな打たれたわけじゃないですよ。とにかく味方が打てないんです。特に稲尾ですね。僕が入ったとき、うちは阿部（八郎）さんという左ピッチャーがいたんですが、稲尾になるとどうせ勝てないからと投げん（笑）。みんな僕です。0対1とかそんな試合ばかりで、覚えている限りですが、唯一接戦で勝ったのが自分でサヨナラホームランを打った試合だったと思います（1963年8月26日、西宮）」

米田は同学年の稲尾を「悪魔のようだった」と言ったことがあるが、確かに稲尾に〝奪われた〟勝ち星は少なくなかった。

中西は現役時代に対戦した好投手として宅和、米田、梶本隆夫（阪急）を挙げ、「米田君はフォークがよかったな」と言っていた。ただ、フォークボールは米田が入団から10年ほどかけ、じっくりと自分のものとした球種であり、実戦で使ったのは中西の選手生活晩年となる。

迎えた日本シリーズは巨人が相手だ。三原監督、水原円裕監督（1954年までと60年からは茂）の因縁もあって、剣豪・宮本武蔵、佐々木小次郎の対決になぞらえて、巌流島決戦とも言われたシリーズである。

「前も言ったけど、わしらは当時、したたかな戦いをする南海に勝つというのが最大の目標やった。だから、昭和31年（1956年）も、やれやれ、やっと優勝したな、日本選手権？　もうええわという感じだったね。

ただ、周りは違うし、三原さんも違っただろうな。実際、この年はオープン戦のときから巨人にいかに勝つかの対策をしていた。人気の巨人、しかも相手の監督が水原さんだからな。誰が見たって、舞台はできていた。

わしらは監督の言うとおり戦うだけだったが、相手の顔ぶれも大変だ。大ベテランの川上さんに別所（毅彦）さんだからね。若い子だけなら圧倒されたかもしれん。大下さんという存在が非常に助けになった」

一方の大下は、翌1957年の『ベースボールマガジン』で川上と対談し、この日本シリーズでの西鉄の若手について次のように話している。

「世間知らず、怖いもの知らずなんですよ。ただがむしゃらに進んでいる。川上さんのほんとのことも知らないのがいるんだから。私なんか昔のことも知っているから威圧を感じるけど、うちの若いやつはなんにもない。なにくそって言ってる(笑)。今の若い選手は自由でのびのび育っています。幸せなもんですよ」

いつの時代にも「今どきの若者は」はある。

選手心理を考えた三原采配も冴えた。1戦目はシーズン2勝と不振だったベテランの川崎を先発に立て、「ジャイアント(三原監督は巨人をそう呼んでいた)は強いチームだ。だからきょうは負けていい。でも、相手のことをしっかり見なさい」と伝えた。実際、0対4で負けはしたが、球界の盟主・巨人相手に気負いまくっていた若者たちは、この1敗で平常心を取り戻し、以後は本領を発揮する。

最終的には4勝2敗で西鉄は初の日本一。MVPは悔しさもバネにした豊田、新人・稲尾は6試合すべてに投げ、3勝を挙げ、最優秀投手となった。

西鉄の宿舎に阪急・梶本が訪ねてきた際の１枚
(右から梶本、中西、豊田。前が稲尾)

### ▼1957年（昭和32年）

## 最強野武士軍団「流線形打線」の完成

1957年、センター・高倉の一番打者定着により、巨人時代からの三原監督の持論でもあった「流線形打線」が完成した。一番は出塁、二番はつなぎという従来の考え方ではなく、強打者を一、二番から置く超攻撃的な打線だ。

高倉を斬り込み隊長にし、二番・豊田、三番・中西、四番・大下、五番・関口清治と続く打線の破壊力はすさまじく、相手チームの脅威となった。

三原監督は西鉄野球について「遠心力野球」という言葉も使っている。再び三原の著書『風雲の軌跡』から引用しよう。

「自由であることからスタートする。やりたいことをやってもよろしい。言いたいことは言いなさい。だが、与えられたことは、きっちりやらねばならない――それが大前提としてある。言葉を換えて言えば、求心力が管理を体質とするのに、遠心力は個性を尊重する。そこから生まれてくる相互信頼感を大切にしてゆく方式だ」

求心力野球の例には宿敵・南海を挙げていた。親分と言われた鶴岡監督の下、堅守と機動力、さらに多彩な投手陣を軸として一糸乱れず戦うチームだ。ある意味、その南海に対抗するためにつくり上げたのが、遠心力野球の西鉄でもあった。

前年、それまで日本シリーズで負けたことがなかった巨人を倒したこともあり、西鉄は「野武士軍団」と言われ、関東、関西でも人気のチームになっていた。野球も遊びも豪快、しかもチームは強いのだから当然そうなる。

中西は黄金時代の西鉄の強さをこう話す。

「攻防一体、攻撃と守りが一つになったチームじゃった。それもこれも三原さんだよ。あの人は、ほかのチームもよく見ていて、いいと思ったら取り入れた。いまならスコアラーとかたくさんおるけど、あの人は一人ですべてやっていたしな。

洞察力がものすごい。敵も味方も全部見て、分析している。でも、だからと言って、あれしろこれしろと細かくは言わん。選手に思い切りやらせ、長所を伸ばす野球をした。人を見て法を説け、じゃな。

ただし、自由気まま、バラバラにやっていたわけではない。三原さんは選手の私生活にノータッチと言われたが、それだけ自己責任を求めた方だったね。コンディションが万全でない選手は試合では使わんかった。試合中に酒臭いようなベテラン選手は使わんよ。むしろ排除した。大下さんに対してもそうだ。きちんと叱るときは叱っていた。それもわれわれ若い者が見ている前でね。

いろんな選手がおった。関口さんの粘り強いバッティングは素晴らしかった。高倉君、豊田君は天性を持っていたね。大して練習している姿も見たことないのに、あれだけできるんだからな（笑）。だいたい、何もかも完璧な選手はいないんだ。そのなかでミスが少なくやってきたのは稲尾君であり、わしもそうだったかな。わしの欠点は、気が優しいところや。ほんまやで、顔で判断したらいかんぜ（ニヤリと笑う）。

仲間には恵まれたと思うよ。お互いに長所を生かし、短所を補ってもらった。それが三原さんの言うチームワークだった。競争意識が力になっていたんだ。だから、個人的な感情は別にして、ここぞというときには一つになれた。

一緒に酒飲んで仲よくすることがチームワークじゃないんだね。豊田君がエラーして走者を出したら、それを稲尾君がかえさず、得点を許さない。稲尾君が点を取られたら、豊田君やわしらがバットで取り返す。それが三原さんの残してくれた言葉、何苦楚にもつながるんや」

同年、中西は手首の故障で出遅れたが途中から本塁打量産。ただし、打点王はつかむもホームラン王のタイトルは南海の新鋭・野村で30本だった（中西は24本塁打で3位）。それでもチームは南海を7ゲーム引き離し、優勝。日本シリーズでは、4勝1分けと完膚《かんぷ》なきまでに巨人をたたきのめし、2年連続日本一となった。

「あの年の日本シリーズは勝敗だけを見たら圧倒的かもしれんが、全部1点差だった。前年は初対決だし、あまりピンと来ていなかったが、そこでわれわれは、初めて巨人に勝ったと実感し、逆に巨人は本当に負けたと実感したと思う。このシリーズの意味はもっと強調されていいと思うよ。西鉄のストレート勝ちというだけのシリーズではなかった」

▼1958年（昭和33年）

## プロ野球、最強打者は誰か？

当時の球界は1リーグ時代からのスタープレーヤーに年齢的な衰えが見え、各球団で若返りが進んでいた。世代交代にいち早く徹底的に取り組み、短期間で成功させたのが西鉄だったが、あとを追うように南海が中央大の穴吹義雄、立教大の杉浦忠を獲得。さらに高校出の野村、皆川らを抜擢し、急成長していた。

巨人もまた杉浦と同期の立大・長嶋茂雄を大争奪戦の末、入団させ、「西鉄が強くなったことで、負けた南海、巨人が、今度は負けんぞと、新しいチームをつくった時期だった」と中西。西鉄は強さだけではなく、チームづくりにおいても球界の先頭に立っていた。

1958年は『週刊ベースボール』の創刊年でもある。創刊第2号の特集は『プロ野球、最強打者は誰か?』だった。

東京六大学史上最強の打者とも言われ、オープン戦で打ちまくっていた巨人のスーパールーキー、長嶋がいてこその特集だったが、長嶋はまだ公式戦デビュー前だ。多くの野球評論家たちが筆頭に挙げたのが、中西だった。

大きなお尻が特徴の巨漢ながら、スイングが柔らかく、アベレージと長打力を両立させた稀有な存在として絶賛。西鉄のトレーナーの「あんなに大きな体だが、その筋肉はつきたての餅のように柔らかい。その柔軟極まりない体が、中西君の力を集中的に発揮させているのではないだろうか」とのコメントもある。

中西の〝お尻〟については1955年に日米野球で来日したヤンキースの名捕手、ヨギ・ベラが感嘆の声を発したことがある。「尻の大きい選手は決まってスラッガーなんだ」と言い、実際の打撃を見て盛んにうなずいていた。

同年7月9日には待ちに待った長女が誕生。その日は雨でゲームが流れたが、翌日の近鉄戦（平和台）では代打で3ラン。ホームベースを踏むと帽子を振り上げ、うれしそうに歓声に応えた。子どもが生まれた記念にと気合が入っていたのだろう。

その後の『週刊ベースボール』、『ベースボールマガジン』には、幼き娘・則子ちゃんと一緒の写真もたくさん載っていたが、見るからに鼻の下が伸びっぱなし、幸せいっぱいの様子だった。

足のケガもあった中西だが、尻上がりで調子を上げた。ただ、チームは大きく出遅れ、南海に11ゲーム差と引き離される。これは7月終了時点で早くも20勝を挙げていた南海の新人アンダースロー・杉浦の快投が大きかった。しかし、オールスター後に杉浦が息切れすると南海も足踏み。一方の西鉄は稲尾の復調もあって猛烈な巻き返しを見せた。

中西は足のケガに加え、腰痛に苦しんだことでスイングをコンパクトにしていたが、それでも芯をとらえた打球の飛距離は別格だった。

8月23日の大毎オリオンズ戦（平和台）ではバックスクリーンを越える大本塁打。450フィート（約137メートル）は飛んだと言われたが、試合後の言葉がいい。

「ちょっと詰まったので捕られると思った」

そのままチームは奇跡の大逆転優勝。中西は首位打者（・314）とホームラン王（23本）の2冠に輝き、打点のみ84で並んでいた大毎・葛城隆雄が最終戦最終打席でホームランを打って逃した。

大毎の最終戦、新聞記者たちは「戦後初の三冠王誕生」に備え、すでに全日程を終えていた中西の家に集まっていた。福岡ではこの試合のラジオ中継がなく、各社からの連絡待ちだ。途中から暇つぶしに記者たちと中西のトランプが始まった。

「そのうち一人去り、2人去りで誰もいなくなった。わしには誰も言わんかったが、葛城がホームランで1打点上回ったという情報が入ったんだろうね」

それでも後日尋ねられたときには、「一人で何もかも独占するのは欲張り過ぎますよ」と悔しがる様子もなく話している。

中西の打撃タイトルはこの年が最後となり、結局、現役生活を通じ、三冠王に4度近づきながら一度も届かなかったことになる。「惜しかったですね」と言うと、

「いや。そんなの思ったこともない。昔はそんなに三冠王は言われんかったしね。そういえば、松井（秀喜。巨人ほか）に言われたことがあったな。『三冠王にあと一歩の数は僕

か中西さんが多いんじゃないですか』って。それでわしは『お前もゴジラ、わしもゴジラじゃからな』と言ったんだ。みんな知らんだろうが、球界でゴジラと言われたのは、わしが元祖じゃ」と、なんだかうれしそうに答えた。

1954年に上映され人気となった映画『ゴジラ』は、今なお新作が日米で発表されている息の長いシリーズである。

入団から7年で打撃2冠を4度手にした

## 対巨人3連敗のあとの博多の夜の大宴会

迎えた日本シリーズは3年連続で巨人が相手となった。ベテラン主体の過去2年と違い、打点王、本塁打王にも輝いた新人・長嶋がけん引するチームだ。

3年連続日本一を目指す西鉄だが、いきなり後楽園で2連敗を喫する。

「ある意味ではもうけものの優勝をしたからね。気を緩めていたわけではないが、ほんとのことを言うと、疲れちゃっていた。いくぶん選手権という気分からは遠かったということは言えるかもしれんな」

西鉄は、そのあと福岡に帰る列車の食堂車を貸し切り状態にし、大宴会。ビールがすべてなくなって、食堂車が店じまいとなったというのは、よく知られた野武士軍団の伝説の一つだが、実はこれ、日本一を決め、凱旋するときだったらしい。

異例の大宴会は平和台の初戦も敗れて3連敗となったあとの博多の夜だったようだ。1977年の『ベースボールマガジン』に掲載されていた大下の言葉を抜粋しよう。当時の西鉄と博多の街の関係がよく分かる。

「第3戦のあと、三原監督に呼ばれ、何ごとかと思って行ってみると、このままズルズル

祝
手権試合
迎

1958年日本シリーズ開催時の平和台球場

と負けたのでは博多におれない、自分が腹を切るから、ひとつむしゃくしゃしている選手をこれで慰労してやってほしいと10万円を渡された。

若手に招集をかけ、新三浦（料亭）に行ったら、おかみから『3連敗しとって、なんちゅうことか』と開口一番怒鳴りつけられた。そうじゃない、かくかくしかじかとわけを話したら『分かった。それならきょうは私からサービスをする』ということになって、初めのうちはしおれていた者も愉快になって、野球ケンをするなど、どんちゃん騒ぎになった。

所帯持ちの選手は途中で帰したが、若い者は中洲へ行こうと言ってきかなかったので、15、16人連れてナイトクラブへ繰り出した。そうしたところ、街の偉い人が店に来ていて、マネジャー氏が気を利かしたのか耳打ちしてくれた。

その人も3連敗していてなんたることかと思ったみたいだが、私がわけを話すと、よく分かった、俺に任せろと言ってくれ、ステージに上がってバンドをやめさせ、白い眼を向ける来店中の博多のファンにこういう理由で西鉄の選手が来たのだから、思い切り飲ましてやってほしいと頼んでくれた」

夜の街の人たちと程よい距離感があるのは、大下の人望とおおらかだった時代背景、さらに言えば、西鉄が博多の人たちに、わが子のように愛されていたからとも言える。

実際、博多の繁華街での〝監視〟は厳しかった。試合の前夜、中洲で選手が遊んでいると「あしたは試合じゃろ」と言われ、豊田によれば「タクシーを呼んで、そこにぐいと押し込み、タクシー代までくれるファンもいた」という。

## 稲尾和久の覚醒「花は咲きどき咲かせどき」

話が逸れた。夜半からの激しい雨で第4戦は1日順延。幸いにも若手が酒臭い息で試合に臨むことはなかった。

この1日の休みで西鉄は生まれ変わる。いや、稲尾が生まれ変わらせた、と言ったほうがいい。

第3戦では1失点完投負けだった稲尾は、1日延期となった第4戦で完投勝利、第5戦ではリリーフで好投し、自らサヨナラ本塁打、後楽園に戻った第6戦は完封勝利、そして翌日の第7戦が1失点完投勝利。3連敗からの日本一の立役者となった。

まさに「神様、仏様、稲尾様」である。

「西鉄にとって昭和33年はピークであり集大成やった。わしらもある程度、巨人に勝てるという自信はあったよ。3連敗は、それが油断になったかもしれんけどな。まあ、稲尾君でしょう。彼がいたことで、ほかの投手も生きた。シーズン中から、今で言う先発、中継ぎ、抑えを一人でやったしね。オヤジも勝てると思ったら稲尾だった。稲尾君は、あの年の日本シリーズで投げて打ってと素晴らしい活躍をし、さらに有名になった。三原さんはそういう眼力に優れていた。長所を生かして活用する。『花は咲きどき咲かせどき』やね」

三原魔術、三原マジックという言葉は、1960年、三原が大洋監督に就任して流行語となったものだが、西鉄時代から「奇策」「奇襲」と言われる策もあった。稲尾を相性の悪い打者の場面で、一度一塁に回して再度登板させたこともそうだ。

ただ、中西はこれをマジックと言うと、大きく首を振って否定した。

「マジックでも奇策でもない。稲尾君が投げる試合は絶対に勝つと思っているから稲尾君を無駄遣いしないというかな。実際、キャンプから一塁守備も練習させとった。準備をしてないことはやらなかったからね。奇襲であって奇襲じゃないんだ」

打のヒーローは中西だった。第5戦から第7戦まで3試合連続本塁打。うち第6戦の初回の2ラン、第7戦の同じく初回の3ランは先制&決勝弾で、日本シリーズの優秀選手にも選ばれている。

3年連続の日本一を決めたあと、三原監督は「巨人の持つ伝統的な技術よりも、うちのほうが優れていたんだということを自覚できた。これはうれしかった。巨人にも力のベースボールに切り替えなければならんということを悟らせたと思う。私は今のライオンズをつくり上げるまで、南海の技に苦しみ、巨人のような技に対抗できるかという不安を持って戦ってきた。今、それが晴れた思いだ」と胸を張る。

まさに中原に覇を唱えた日になったと言っていい。

同インタビューでは球団の将来についても語っている。

「フランチャイズ福岡の人口からいって、東京、大阪と対抗するのはなかなか大変だ。福岡を中心に九州一円に広範囲に広げてファンを多く動員しなくてはならない。もう一つ、ファームの組織を強化したい。一千万円とかいう大金で選手を入団させても、圧倒的な働きをすればいいが、そうでなければチーム内の給与バランスが崩れる。大リーグのように、都市に立脚した健全な球団経営を考えていくには、これからやらなければならないことがたくさんある」

現在のソフトバンクにも重なる先見性だ。ただ、実現はしなかったものの、すでに西鉄監督の退任、大洋監督就任を決めていながらの言葉であったことにも驚く。

日本シリーズ後の『週刊ベースボール』に、中西が稲尾とともに出席した人気俳優・石原裕次郎さんとの座談会も掲載されていた。大の巨人ファンとあって、悔しさあふれる石原さんに対し、悠然としてユーモラスないつもの受け答えをしていたが、随所に中西らしい優しさがのぞく。

「日本シリーズだけで、実力をどうのこうのということはないですよ。実力は同じです。どっちか運が向いたほうに勝利が行くんです。いつも言うことなんだけど、日本選手権の結果を見て、負けたほうをミソクソにけなすのはどうかと思うな。たった7試合の勝負で、持っている実力を評価されたんじゃ、負けたほうの選手がかわいそうよ。1年間、粒粒辛苦して勝ったペナントレースの優勝というものが顧みられん」

実際、中西が戦犯扱いされる可能性もあった。1勝3敗、負けたら終わりの第5戦だ。3点をリードされた7回裏に1点差に迫る2ランを打ったまではよかったのだが、1点ビハインドのまま迎えた9回裏、まず、無死二塁で三番・豊田に打席が回った。この際、三原監督はあえて豊田にバントのサインを出さず、逆に「打て」と言った。あまのじゃくの豊田の性格を見抜いた言葉で、打ち気満々だった豊田は「いやここはバントでしょう」と自ら送りバントを選択し、一死三塁となる。

まさに三原らしい采配、そして、これぞ四番・中西の見せ場だったが、結果はサードゴロ。続く関口が同点打で試合は延長戦となり、前述のように稲尾のサヨナラ弾で勝利した。

義父となった三原監督（右）と

## 大リーガーに〝ビッグ・バッファロー〟と呼ばれて

日本シリーズのあとセントルイス・カージナルスとの日米野球があった。当時、日米の力の差は大きく、このときも2勝14敗と圧倒されたが、中西は3本塁打をマークし、試合前のホームラン競争では時にメジャー・リーガーを上回った。

「ビッグ・バッファローと言われてね。向こうの連中から見たら、わしは体も小さいのに、よう飛ばすと、みんなびっくりしていた。大阪球場で満塁ホームランを打ったこともあった。確か野村君の代打じゃなかったかな」

満塁弾は11月4日の試合だった。4回裏二死満塁で、中西は南海・野村の代打で登場。まず1―1から強烈なライナーでファウルもタイミングは合っていた。当時の記事では、カッカした投手のボブ・ブレイロックがソリー・ヒームス監督に「ビーンボールを投げていいか」と聞き、「親善試合だからやめろ」と言われたとある。

そのあとの5球目を打っての満塁弾だった。

9日の下関での試合前にはホームプレート付近に椅子を置き、ヒームス監督が中西を座らせた。それをスタン・ミュージアル、ドン・ブラッシンゲーム（のち南海入団。登録名はブレイザー）らカージナルスの中心選手たちが持ち上げようとしても重くて上がらないふりをしたり、逆に軽々と持ち上げたりする姿を彼らのスチールカメラと8ミリで撮影。その楽しげな光景は『週刊ベースボール』のグラビアも飾っている。

全日程を終えたあと、ヒームス監督は「日本のバッターでは中西が素晴らしかった」と絶賛。実際、このシリーズで日本選手のホームランはほかにもあったが、実績ある速球派が本気で投げ込んだ球なら、せいぜい外野フライ。中西だけは違っていた。

前途洋々、日本を代表する最強バッターとして君臨していた。

「あの年は初めて自分のフォームが完全に分かった気がした。だからスランプになっても、これはどこを直したらいいと分かるんや。ほんと自分の思ったように打ててよかったよ。でも、それがケガしたろう、もうみんなパーやな」

1963年のインタビューでの言葉である。

## 杉浦忠の証言「あの打球は今も信じられない」

日米野球のさなか、呉越同舟、中西と稲尾が南海の杉浦、野村と食事をしていたときだった。酒が進むと、普段は穏やかな杉浦が完全に酔っぱらって、「おい、太、この野郎よくも打ちやがったな。来年は必ずかたきを取るからな！」と目を据わらせ、絡んできた。杉浦は中西より年下。ふだんは「中西さん」か「太さん」である（このとき稲尾にもだいぶ絡んだが、ここでは触れない）。

引退後の取材で、杉浦が悔しさたっぷりに振り返ったのは、9月27、28日の平和台決戦だった。南海は西鉄と一時は11ゲーム差があったのを、わずか勝率6厘差に詰められ、互いに負けられない戦いとなっていた。

杉浦は初戦には下痢をしながらも延長10回を投げ抜き、0対0で時間切れ引き分け。翌28日も先発したが、初回いきなり一死一、三塁のピンチを招く。

ここで打席に入った中西への初球は、自信を持って投げ込んだ内角のストレートだった。中西がこれをとらえるも当たりが低く、杉浦は三塁ライナーと思いホッとしたが、打球は浮かび上がるような軌道で三塁手の頭を越え、さらにぐいぐい伸び、レフトスタンドに届いてしまった。

「私は現役時代、数多くのホームランを打たれたが、この一発だけは今でも忘れていない。地面をはっていた打球が、外野芝生のところからグーンとホップしていったのだ。当時は牛革製のボール、バットも現代のように良質のものではない。飛ばないボールと飛ばないバットで、私の速球がどうしてあんな軌跡を描いてスタンドに消えていったのか、いまだに信じられない」

この回途中で降板。試合は中西の2発目の2ランもあって西鉄が7対2で勝利し、首位に浮上した。

杉浦にとって中西は別格の存在だった。ふだんグラブから出す人さし指を中西のときだけグラブに入れていたとも明かす。「投手ライナーでグラブがはじき飛ばされないためと、身の危険を感じたから」だった。

杉浦の中西評をもう少し続けよう。

「中西さんがウエイティングサークルに立ったときから脅威を感じた。バットの素振りをするときのバットの空を切る音がブンブンとうなりを生じて、遠くマウンドにいる自分に聞こえてくる。目の前の打席に入っている打者と相対しながら、ウエイティングサークルにいる男の単なる素振りに威圧された」

中西がネクストで1キロのマスコットバットを2本、3本とまとめてビュンビュンと振り回すのは有名だった。「投手を威嚇するためですか」と聞いたことがあるが、「そんなわけはない。体を温める準備運動や。イチローと同じよ」と答えた。

打席でくねくね体を動かし、バットとお尻を揺らす姿はユーモラスにも映ったが、それもまたパフォーマンスではない。体を柔らかく使い、余計な力を入れないためのルーティンだった。

中西の杉浦評はこうだった。

「杉浦君はきれいなフォームで、すべてがバネ仕掛けのようじゃった。直球と分かっていても打てんかったからね。でもな、杉浦君が出てきたのは、もう終わりのころじゃからね。それより（兼任）監督時代（1962年以降）の印象が強いんだ。稲尾君と2人が先発すると、なかなかどちらも点を取れなくてな」

当時の中西は25歳。それを「終わりのころ」と言った。

▼1959年（昭和34年）

## 初めての長期離脱と家族の安らぎ

迎えた1959年、チームの目標は史上初の4連覇、そして中西が期待されたのは4度逃した三冠王だったが、自身は「三冠なんて考えていない。今は4連覇のため、脇目もふらずに働くことだけ。要は確実に打つことだよ。ヒットを飛ばしているうちにホームランも出るし、打点だって多くなろう。ライバルなんて考えないが、まあホームランは30本打ちたいな」と話していた。

何かと落ち着かない状況ではあった。実現はしなかったが、前年のオフ、三原監督の大洋監督就任話が発覚。三原監督と球団の反三原派との確執もあらわになった。だからというわけではないだろうが、中西はスタートからつまずく。キャンプで右肩を故障し、無理してオープン戦に出たことで悪化させ、出遅れた。

開幕からチームを離れ、西鉄の選手をはじめ、プロ野球選手がよく通っていた別府の帯刀電気治療所に行き、4月27日になって福岡に戻った。別府では、温泉に入っては治療を受けるという単調で退屈な日々だったという。

香椎球場での二軍練習から合流したが、表情は今一つさえない。

「2、3日前からキャッチボールを始めたが、痛みはないけど、なんだか肩が凝ったように肩全体が重いんだ。まだ時間は掛かりそうだな」

不在の間、若手の大型三塁手・城戸則文が開幕からスタメンに入って活躍。「俺の出る幕がなくなったね。いよいよ墓場行きだぜ」と顔をしかめてこぼし、記者たちの笑いを誘った。周りから見れば、いくら城戸が急成長しても大打者・中西とは大きな差がある。中西はボソリ、ボソリと話しながらもリズムと間がよく、ちょくちょくユーモアを絡めてくるので、どこまで本気か分かりにくいところがあった。

5月に入り代打で出場し始め、11日の近鉄バファロー戦（日生）の初スタメンで、いきなりグレン・ミケンズからシーズン1号。「高めのカーブだったかな」とうれしそうに話した。このとき中西宅では「お父さんのホームランよ」と言いながら、ラジオで聴いていた敏子夫人が則子ちゃんにほおずりした。

野球は野球、家庭は家庭という中西の考えもあって、敏子夫人はめったに球場には行かず、家で自分から野球の話をすることもなかったという。

当時の中西は、福岡市大円寺町の借家に住んでいた。かつての選手寮の前で、寮があった時代は若い選手がよく遊びに来ていたが、移転後はめっきり静かになった。

中西は長女の則子ちゃんが生まれてからは、ほとんど飲み歩くことをしなくなった。「一人で遊びに出てもつまらんからな。それより家にいたほうがましや」と言いながら、暇さえあれば娘をながめ、優しい手つきで、あれこれ世話をした。

運転を始めたのも、この年だ。前年オフに自動車免許を取り、トヨタのクラウンを買った。敏子夫人は「無理やり私を乗っけてドライブだとか言いましてね。私はもう怖くて、怖くて（笑）。そしたら主人たら、そんなに運転手が信用ならんならタクシーにも乗れんぞと言って脅かすんですよ」と大げさな口調で言い、中西が「ハハハ」と笑う。

中西家を取材した写真と記事は、いつも温かで優しい風が吹いていた。中西は父親が早くに亡くなり、貧しさのなかで少年時代を過ごした。生まれてきた子どもに何不自由ない暮らしをさせたいという思いは人一倍強かっただろう。

復帰後は打撃好調を維持したが、6月3日の近鉄戦ダブルヘッダー第1試合（平和台）で守備中に鈴木武のスライディングを受け、右足首を負傷。傷口にばい菌が入って再手術となり、この年は59試合の出場にとどまった。プロ入り後、初めて規定打席に届かなかったが、それでも打率は・294と悪くない。

チームは4位で優勝は南海。リベンジを期した杉浦は38勝4敗、防御率1・40をマークし、巨人相手の日本シリーズでは4連勝を飾っている。

オフ、既定路線どおり、三原監督が大洋に去り、川崎が監督に就任。独自色を出すためか、黄金時代の象徴であるNとLを組み合わせた帽子マークをLのみとした。中西には三原監督を追って大洋移籍のウワサもあったが、「そんなわけないやろ」と否定している。

同年限りで大下が引退し、名実ともに中西がチームリーダーとなった。

▼1960年（昭和35年）

### 狂った歯車、さらなる悪循環の始まり

一度狂った歯車は簡単には元には戻らず、さらなる悪循環を生み出す。

1960年、西鉄はこれまでの長崎県島原ではなく、平和台球場で春季キャンプを行うことになった。オフの間に体を絞り、8キロ以上の減量をして現れた中西は「張り切ってますね」と記者に言われると「給料をまた下げられては食えんようになるからな」といつもの中西節。動きは軽く、表情も明るかった。

ただ、福岡の2月はまだ寒い。巻き返しに向け、連日たっぷり時間を掛けてピッチングマシンを打ち込んだ中西だが、朝から冷え込み、小雪が舞っていた日、「内角のボールに差し込まれて詰まったんだ。そのとき左手首がギクッとした」という。それでも「1週間

もすれば治るだろうと思った」と周囲には言わず、ひそかに痛み止めの注射やハリを打つなどしていた。

しかし、痛みがなかなか引かず、3月1日に平和台であった大下の引退試合に参加したあと、チームを離れ、別府の帯刀電気治療所に通うことにした。治療は1週間ほどで終わり、15日にはチームに合流したが、翌日、みぞれが降る肌寒いなかで打撃練習をすると、また激しい痛みが走る。

同年から主将になったこともあり、以後もオープン戦には同行。試合には出ず、ランナーコーチなどをしていたが、久しぶりに出場した中日戦（多治見）で空振りをした際、左手首にこれまでに経験のない激痛を覚え、バットを握ることもできなくなった。福岡に戻り病院に行くと、医師が告げた診断は左手首腱鞘炎だった。

「小指を動かすと痛いんだ。自分はバットを握るとき、長めに持とうとしてバットのたんこぶ（グリップ）に小指を掛ける独特の握り方をする。長年のクセなので、そういうことも響いているかもしれないな」

中西はなんとか開幕には間に合わせたいと、いいと言われる治療はすべてやった。病院だけではない。電気治療、温泉治療、さらには根拠の分からぬ民間療法まですべて試した。試合には出ないが、その後もオープン戦の遠征には同行していたので、その場所その場所で紹介された治療をすべて受けた。

「心配してくださる方も多く、いろいろな治療法を教えてくれたり、薬を送っていただいたりしました。彼岸花の球根をすりつぶしたものを塗るといいと、山ほど球根が送られてきたことがあってびっくりしました」（敏子夫人）

それでもまったく回復せず、開幕から欠場。同年、西鉄は中西不在に加え、エース・稲尾の肩痛もあって4月は最下位スタートとなった。

中西のいない打線を支えたのは、自身も腰痛を抱えていた豊田だ。気性の荒い選手だけに、「みんなだらしなさ過ぎる。もっとファイトを燃やさんといかん」と事あるごとにほかの選手に言い放ち、川崎監督と衝突することもあった。

中西は常時ベンチ入りしていたが、「いつ出場できるか見当もつかん。悪くすれば今年いっぱいは無理かもしれん」とつらそうに話していた。豊田のげきを自身に向けたもののように感じていたかもしれないし、豊田にも、その思いはあったはずだ。

5月17日の近鉄戦（日生）で初めて代打として出場も凡退。とても試合に出られる状態ではないと判断し、チームを離脱し、治療に専念することにした。

川崎監督に主将返上を申し出たが、「まずは戻ることを考えてくれ」と言われた。骨折のような分かりやすいケガではないこともあり、「本当はプレーできるのではないか。大洋に移籍する準備で休んでいるのではないか」という声がマスコミだけでなく、チーム内、さらにファンからもあった。

それを知り、珍しく中西が憤った。

「この俺が野球をやれる状態でありながら野球をやらずにじっとしておれる男かどうか、ファンが一番よく知っているはずなのに」

どんなときもユーモアがあり、何を言われても気にしない泰然自若な雰囲気があったが、芯の部分は少年時代と変わらない。繊細で、落ち込むことも多かった。

支えは家族だった。則子ちゃんに続き、次女の栄子ちゃんも誕生。家での中西は記者たちに見せる不機嫌な姿とは別人のように、いつもニコニコしていた。

敏子夫人は言う。

「主人は野球のことを家には絶対に持ち込みません。私や子どもたちが心配すると気を配っているのです。だから、私も家庭では明るい話題を中心にするように心掛けていましたし、そのくらいしかできません。娘たちが励みになっていると思います」

治療のため入院し、6月28日に退院。「試合に出られる体になったから退院したわけではない」と言いながらも、しばらくすると打撃練習を再開した。

7月20日には久びさにベンチ入りし、23日の近鉄戦（平和台）でシーズン2度目の出場。代打で空振り三振に終わったが、「長いこと出ていなかったんで、新人並みに緊張したよ」と笑顔を見せた。

たまたまかもしれないが、主将返上が受け入れられた翌日、8月3日の阪急戦ダブルヘッダー第1試合（平和台）で5打席目にして初ヒット。その後も代打中心ながら32試合54打席で打率・362を残している。

同年大洋―大毎の日本シリーズは、三原監督に言われ、上京して全試合を観戦。西鉄黄金時代とは違い、大洋の戦力は盤石ではない。いずれ指導者の道に進むであろう娘婿に、自身の采配を見せておきたいと思ったのかもしれない。大洋は見事に全試合1点差で4連勝。6年連続最下位だった大洋をいきなり日本一に導いた三原の名声は、さらに高まった。

12月10日、契約更改。前年の10パーセントダウンに続き、この年は15パーセントのダウンだった。「この成績だし、減俸についてはとやかく言えない。来年は何かタイトルを獲りたい。打率も3割を打ちたいね」と中西は静かに誓った。

新技術
小金丸印

1958年日本一の祝勝パレード

# 第3章

# 青年監督誕生

▼1961年（昭和36年）

## 28歳での兼任監督就任、1年だけの「三本の矢」

迎えた1961年、再起に燃えた中西だが、春季キャンプでスイングをした際、バットがネットに引っ掛かってしまい、今度は右手首を痛める。

左手首も相変わらず本調子ではなかったが、守備の負担が少ない一塁に入り、99試合の出場ながら打率・304、21本塁打をマークと復調の兆しを見せた。140試合制でパの本塁打王は南海・野村克也、阪急・中田昌宏の29本だからフル出場ができれば抜いていたかもしれない。

しかし、チームは稲尾和久が史上最多タイのシーズン42勝を挙げながら、首位・南海に8ゲーム差の3位に終わっている。

シーズン終了後、11月2日の朝刊で、中西の兼任監督就任が報じられた。昭和生まれでは初の監督誕生だ。年齢は28歳。さらに26歳の豊田泰光の助監督、24歳の稲尾の投手コーチ就任も発表。いずれも選手兼任だった。戦国武将・毛利元就の故事から「三本の矢」とも言われていた3人の青年内閣誕生だ。

11月4日、就任会見。80人ほどの報道陣が集まり、球団事務所には入り切れずに急きょ天神町の「クラブ九州」を借りた。グレーの背広を着た中西はチェックの背広の稲尾、英国調の渋い背広の豊田を左右に従え、ソファにどっかりと座った。

中西の表情は硬かったが、ほかの2人は、いつもと同じで緊張した様子はない。豊田が「サイちゃん（稲尾の愛称）、やっぱりコーチになると違うね。いやにいい背広を着てきたじゃないか」と言うと、稲尾が「実を言うと背広で差をつけようと思って」と答え、記者たちを笑わせた。

「（10月）30日に西（亦次郎）社長から言われたときは、思わず、『まだバットで3、4年メシを食う自信があります』と言ってしまったよ」と中西。かねてより、「うちは監督に事欠きませんよ。中西の次に豊田、その次が稲尾でしょう」が西社長の口癖だった。3人がいずれ西鉄を背負って立つ指導者になるであろうことは誰もが予想し、期待もしていたが、あまりに早いようにも思えた。

中西は「責任は感じているが、ピンとは来ない。ただ、そう難しく考えないことにしています。肩書はつけ足しで、バットを持っている間は選手・中西。来年も第一線でバリバりやらないと。いくら口先でハッパを掛けてもダメだしね。今年の後半は手首ばかりじゃなく体のあちこちが痛んで満足に動けなかったが、そういう状態で打率3割、ホームラン21本を打ったので自信になった」と話した。

監督就任の打診を受けた際、一度は固辞している。監督という大任への不安、選手一本で力を尽くしたいという思いに加え、前監督の川崎徳次の存在があった。川崎監督の2年間、故障で離脱が多く、迷惑を掛けたという思いは強い。親しい記者には「筋が通ればともかく、現在の監督を押しのけて監督になることはできない」と漏らし、話を受けたのは川崎が球団重役に就くと聞いてからだった。

「監督になることを決めてから眠れなくなったが、（会見前日の）3日の夜、川崎さんが電話をしてくれ、監督としての心構えを説いてくれホッとした」

話しているうちに表情がほぐれ始める。「監督と言っても人間が変わるわけじゃない。監督なんて言われたらこっちが堅苦しくなる。これまでと同じで太と呼んでくれよ」と言い、記者たちから笑いが起こった。

兼任監督の一番の成功例は1946年、30歳で南海（当時グレートリング）監督となった鶴岡一人だろう。7年間兼任を続け、その間3度のMVP、優勝は4度だった。

ただ、時代が違う。野球はより高度となり、監督に求められるものも増えた。レギュラーであれば守備中はもちろん、打者、走者としてもベンチから離れてプレーをしなければいけない。代わりに仕切る参謀役が重要になるが、助監督も選手兼任の豊田であり、中西と豊田の関係がまた微妙だった。

この日も「俺の口の悪いのには定評がある。別に助監督になったと言って改めようとは思わない。少し少なくする程度かな」と言って笑っていた。その舌鋒は中西に対しても変わらないどころか、さらに鋭くなることもあった。

カギとなるのが、稲尾の存在だ。明るい性格で中西、豊田からかわいがられ、その実績から一目置かれてもいた。実は当時の一軍登録のコーチは3人までとなっており、稲尾はそのなかに入っていない。西社長は「稲尾のコーチはチーム内の肩書です」と説明しているが、2人の緩衝材の期待だったのだろう。

中西は三原脩監督の影響について聞かれ、

「自分の野球のすべてをつくってくれた人。オヤジのノート（三原ノート）を盗んでこなきゃいかんかな（笑）。俺は監督としての名声を得ようという気は毛頭ないが、オヤジの残した財産を無駄にしないためにも頑張らなければいけないと思う」

と三原イズムの継承を誓った。監督に就く以上、常に義父・三原脩と比べられるのは分かっていた。中西にとって避けては通れぬものでもある。

監督就任の決断時、大洋監督をしていた三原は渡米中だったので相談していなかったが、帰国後、「率直に言えば、人の世話をするより自分のことに専念すべきだった。どうしても自分がおろそかになる。彼がこのまま生かされなければ、彼自身にもプロ野球界のためにもマイナスになってしまう」と苦々しい顔で言った。

中西自身、「私に監督をやれる力があるとか、やれると思って受けたわけじゃない。球団経営をする面でいろいろある。僕らの頭じゃ考えつかんことがね。球団に籍がある以上、方針に従わなきゃいかん」と微妙な言い方をしていた。

三本の矢の抜てきは、観客動員のための話題づくりでもあった。球団の補強資金が限られ、大型補強ができないことも中西には分かっていた。

「まあ、若いうちは苦労をせいと言うから苦労しますよ」

そう言って、いつもの笑顔を見せた。不安があっても笑える男だった。

▼1962—1963年（昭和37—38年）

## 治らぬ手首を回すと嫌な音がした

「あんたたちはみんな3連覇のことばかり聞くけど、へぼ監督のわしも優勝しとるんやで」

そう言ってニヤリと笑ったことがある。

1963年、14・5ゲーム差からの歴史的大逆転優勝だ。

「あれだけ差がつくと中途半端な野球じゃダメ。一人ひとりが自分の分野で力いっぱいプレーをやる。それがいつしかチーム全体の結束力となって、5の力を7にし、7の力が8、8が9になっていく。そういうチーム力は、余計なことを考えていたら決してできるものではないからな」

ただ、その前に「1年で5年分の苦労をいっぺんにしてしまった」と振り返る兼任監督1年目の1962年が挟まっている。優勝は東映で、西鉄は勝率5割を切る3位。打者・中西も44試合の出場で打率・268だった。

成績だけではない。案の定、助監督・豊田との確執は修復不能なものとなり、オフになると、豊田は志願し、国鉄に移籍した。

ただ、こと翌年に関してだが、これが吉と出る。

国鉄から高額のトレードマネーを受け取った西鉄は、ヘッドコーチに就任した若林忠志(元阪神ほかの投手。ハワイ出身)が渡米して米球界のウインター・ミーティングに参加。ジョージ・ウイルソン、ジム・バーマ、トニー・ロイと契約を結んだ。今とは時代が違う。野手だけで3人の助っ人は、ほかはセの中日、大洋だけだった。

巻き返しに向け、中西自身、打者としても周到な準備をした。これまではオフの期間も休むのを怖がるようにバットを振り続けたが、この年は12月からバットを持たず計画的な休養を続けた。ずっと苦しめられている左手首の故障対策でもある。

開幕前、同学年で評論家の佐々木信也との対談で、こう語っている。

「僕の場合、故障した1年目(1960年)に中途半端なことをしたのが一番悪かったね。じっくりあそこで治したら、ある程度いけたんじゃないかと思って。僕ら過激なほうでびゅんびゅんとやるやろ。昔はゼニを取って見せるんだと思うから、すぐ力を出しちゃう。だから治りかけるとまた痛めちゃうというふうで。その点、今度は去年の暮れからちゃんと決めてやったから、今のところ具合がいいわけ。完全にはいかんけれどね。ほら、こうやると外れるんだよ、手首が。だから怖いんだ、非常に」

そう言って手首を回すとガクッと嫌な音が鳴った。

調整の成果もあり、キャンプ、オープン戦は好調をキープしていたが、しばらくバットを振らない時期を置いたことで手のひらが柔らかくなったのか、激しい痛みを伴うマメが左の手のひらにできた。

対談ではその痛みをこぼすとともに、スイングのしぐさをしながら「僕は絞って絞って手首だけで打つんだが、ここまで来るとしびれてビーンとなっちゃって絞れないから困るんや」と言っている。左手首の痛みなのか、マメの痛みなのかは分かりづらい文章の流れになっているが、「ビーン」という表現から考えると、おそらく手首ではないだろうか。

開幕から休みや代打を挟みながらも出場を続けたが、マメが治ったと思うと、今度は左手首が激しく痛み出す。本来なら治療に専念したいところだが、監督ゆえベンチに居続けなければならない。しかも選手が見ているから痛そうな顔はしていられず、さらに言えば、入団時ヤジられまくっていた豊田だが、黄金時代を経て、その人気は中西に匹敵するものとなっていた。事実とは違うが、「中西が豊田を追い出した」と思っているファンも少なからずいて、劣勢時のヤジを激しくさせた。

4月は8勝10敗と負け越し。その後もチームは低迷し、首位を快走する南海に対し、7

月7日には14・5ゲーム差の4位だった。平和台球場は観客動員に苦しみ、福岡の新聞は「中西監督の批判を載せれば売れる」と言われ、記事が攻撃的になっていく。

それでも日本球界への適応に苦しんでいた助っ人3人が次第に調子を上げ、投手陣では稲尾の復調に加え、安部和春、田中勉と若手投手の台頭もあって、8月に入り勝率を5割に乗せると、8月11日からの6連勝もあって2位になった。

## カラスの鳴かない日はあっても稲尾の投げない日はない

8月17日、東映に3連勝した西鉄は勢いに乗って平和台での対南海3連戦を迎えた。試合前、「外人組が試合に慣れ、中西君が頑張っている西鉄は怖い」と南海・鶴岡監督は警戒したが、9ゲーム差の首位だけに表情には余裕があった。

大雨で17日の試合は中止、18日のダブルヘッダーも1試合のみで午後6時半開始となった。先発は大一番の定番である稲尾と杉浦忠だ。

西鉄は1対3とリードを許し、試合は終盤へ進む。9回裏、最後の攻撃を前に中西は円陣を組ませ、「よし、行くぞ!」と大きな声を掛けた。

一、二番にヒットが出て無死一、三塁。続く三番・高倉照幸の三塁ゴロを南海のピートがトンネルし1点。そのあと二、三塁で四番のロイがレフトに犠牲フライで同点だ。続く中西は歩かされたが、バーマがライト前に運び、サヨナラ勝ち。二塁に向かっていた中西はくるりと回転し、一塁を回ったバーマに抱きついた。

「最初はもう無理かと思ったが、このまま杉浦には負けんぞと思った。打ち崩す策があったわけではない。気合や。一か八かの気合で打ち崩すしかなかったんや」

以後、西鉄はジワジワ差を詰め、9月終わりには3・5ゲーム差。すさまじい追い上げを支えたのは、やはり鉄腕稲尾だ。「カラスの鳴かない日はあっても稲尾の投げない日はない」と言われ、連投、また連投。投げさせ過ぎの批判もあったが、稲尾自身は「以前のようなスタミナはなくなったが、今はそれをカバーするピッチングを覚えたから気にすることはないよ」と、いつもの笑顔で話していた。

しかし、それはあくまで他チームの目を気にした言葉だ。実際には球威が明らかに落ち、9月半ばには、ブルペンでどのように投げてもマウンドからキャッチャーまで届かなかったこともある。

10月3日、西鉄は平和台での大毎戦に勝利し、5連勝。首位・南海との差は2・5ゲームとなった。中西は逆転優勝への意気込みを尋ねる記者たちの矢継ぎ早の質問をさえぎり、「そう慌てなさんな。まだ先があるんだから」と笑って言った。

しかし、そのあとすぐ自分から指を折り、「2・5ゲーム差いうことは、勝ち数の差が3つ、負け数の差が2つということやな。ということは今度の南海戦で2ついただければ負け数が同じになるということだ」と一人で計算し出したと思うと、「いかんいかん、まだこういう話は」と言って顔をしかめ、記者たちを大笑いさせた。

1日空け、5、6日は平和台に南海を迎えての直接対決だ。5日は試合1時間半前には球場が満員となり、中西はスタンドを見上げて「わあ、ごっついのう」と目を細めた。3万5000人、シーズン初の超満員だった。試合は西鉄が4対2の勝利だ。翌6日も2対0とゼロ封勝利で南海との差を0・5に縮めた。

**「優勝できると思ったのは3時間前。野球とは大変なものだ」**

10月8日から平和台での阪急3連戦は2勝1分け。8日の勝利で首位に立ち、南海に0・5差をつけた。9月29日から9連勝（1分け挟む）だ。そのあと12、13日と近鉄に連敗（日生、藤井寺）したが、中西は特に動揺もなく、「そういいことは続かんよ」と淡々と話していた。

続く15、16日の南海2連戦（大阪）は最後の直接対決。初戦はまたも稲尾、杉浦の先発で始まった。5回に南海が1点を先制も6回に和田博実の3ランで逆転。左中間スタンドに打球が飛び込んだ瞬間、三塁コーチをしていた中西が右手で帽子をつかみ、大きく飛び上がる。さらに和田が三塁ベースを回ったところで抱きつき、そのまま2人でホームへ。試合は3対2で西鉄の勝利となった。

翌16日は3対3で迎えた延長13回裏にサヨナラ負け。南海は翌17日の近鉄戦（大阪）に勝利し、首位で全日程を終了した。

西鉄が残すは19、20日、平和台での近鉄4連戦（ともにダブルヘッダー）。優勝の条件は3勝1分け以上、3勝1敗なら史上初のプレーオフだ。

19日を連勝したあと20日の第1試合は0対4の劣勢のまま8回裏の攻撃。まず1点を返したあと、ロイの同点3ランが飛び出した。最後は延長10回裏、田中久寿男のサヨナラ打で5対4の勝利だ。

シーズン最終戦となる第2試合は0対0の3回裏に今度はバーマが先制2ラン。一塁コーチの中西は打球を見て飛び上がり、一塁を回るバーマの背中を見て、バンザイしながらまた飛び上がった。4回から登板し、6イニング無失点で10勝目を挙げ、胴上げ投手になったのは安部。稲尾が中西に「ここまで来れたのは安部の力が大きい。最終戦の締めくくりは安部にやらせてやってください」と頼んでいたからだ。

そのあと、中西の公称95キロ、実際には110キロ超という巨体が胴上げで宙を舞った。30歳の青年監督の目は真っ赤だった。

「私は表面での言葉はともかく、内心はあきらめていた。優勝チームになる南海をたたき、勝ち越せば面目は立つくらいに考えていた。近鉄4連戦を前にしても、まだ優勝は無理かなと考えていた。これはいけると思ったのは、2日目の第1試合でロイが同点3ランを打ったときだ。7カ月半にも及ぶペナントレースで、ゴールインのわずか3時間前だよ。野球とは大変なものだとあらためて考えたね」

優勝翌日の取材で、正直な胸の内を明かした。選手としては同年81試合の出場で打率・282、11本塁打。一塁でウイルソンと併用の形だった。もっと試合に出るべきという声は相変わらず多かったが、「わし一人の名前だけでは優勝はできない。大事なのはチームの総合力。調子のいい選手が出ればええんや」と自身の出場にこだわりはなかった。

**「ベースボールイングリッシュでいいんだ」**

最後にチームを救ったのが、バーマ、ロイのバットだった。ウイルソンを含めた3人は中西を「ボス」と呼び、信頼を寄せた。

以下は近鉄バファローズ、オリックスでのコーチ時代も踏まえてのインタビューでの言葉である。

「西鉄のとき、3人とはいい関係ができたと思っている。難しいことじゃないよ。大事なのは言葉じゃないんだ。いちいち通訳をつけて、向こうに聞かれたとき、顔を背けて通訳を見たらいかん。野球用語はもともとイングリッシュだし、片言でいいんだよ。ベースボールイングリッシュやな。難しい言葉なんかなんもいらん。こっちが一生懸命指導してやれば、必ず大事なときに応えてくれる。

外国人言うても特別じゃないんだ。最初だけを見て、チヤホヤしたり、ダメだとたたいたり、ケガしたらすぐクビにしたりが多過ぎる。今は日本からも選手がたくさん行ってる。彼らが、そういう扱いをされたらどう思う？

相手が日本人でも外国人でも接し方は同じじゃ。自分のやってきたことをしっかり伝える。一緒に汗をかく、涙を流す。あとは相手からも教わるという気持ちがないといかん。逆に言えば、それだけでいいんだ。最後はみんな大事な試合で打って恩返ししてくれたしな」

西鉄時代だけではない。近鉄時代、1989年Vイヤーのラルフ・ブライアントは伝説の4連発もあってMVP、オリックス時代のトロイ・ニールは1996年日本シリーズのMVPと、いずれもここぞの場面で決めてくれた。


迎えた日本シリーズは巨人との4度目の対戦となったが、巨人のメンバーは前回の1958年から5年後とあって大きく変わっていた。

野手のスタメンでは前回と同じなのは長嶋茂雄、廣岡達朗、坂崎一彦だけ。四番・長嶋の前、三番には1959年入団の王貞治がどかりと座っていた。1962年途中一本足打法をマスターして覚醒。この年は40本塁打で2年連続本塁打王を獲得している。

右、左の違いはあるが、かつての中西のごとく、名だたる球界の強打者たちの頂点に立とうとしていた男だ。

### 王貞治の証言「野球のスケールを大きくした人です」

2024年5月18日、ソフトバンク球団会長を務める王にも取材の機会を得た。

1956年からの西鉄3連覇はプロ入り前、早実時代と重なる。

「入団前は西鉄の試合を映像でもほとんど見てないんですよ。当時は今ほどどの試合もテレビ中継していたわけではなかったし、僕は東京に住んでいて、ジャイアンツファンでしたからね。ジャイアンツの試合は時々見ましたが、西鉄の試合はテレビで見る機会がなかったんです。どちらかと言えば、西鉄は野武士軍団と言われ、荒々しく、ジャイアンツは紳士の野球に例えられていました」

リーグも違い、プロ入り後、中西の実際のバッティングはオープン戦、オールスターなどで見るだけだった。1960年以降は左手首の故障を抱えていたが、さすがと感じることは多かったという。

「とにかく柔らかいスイングでした。手首がものすごく柔らかかった。それぞれバッターは持ち味があるんですけれど、中西さんはセンターから右、センターから左という打球が多くて、ポール際に打つホームランはほとんどなかった。ピッチャー返しというバッティングが基本でした。右打者でありながら右方向に大きなホームランを打てる。そういう選手はそれまでいませんでしたし、野球のスケールを大きくした人ですね。オープン戦などで平和台に行ってバックスクリーンを見るたび、『ああ、中西さんはあそこを越えたんだ。

すごいな』と思っていました」

王にとって、西鉄との〝真剣勝負〟は、この1963年の日本シリーズが初めてであり、唯一でもある。ただし、中西はすでに兼任監督であり、1戦目から5戦目まではスタメンにも入ってはいない。

3年連続日本一は、過去の話。下馬評はONが君臨する巨人の絶対的有利だった。しかし、ここで巨人の前に立ちはだかったのが、肩痛に苦しみながらも28勝で最多勝に輝いた、かつての天敵・稲尾だ。

1戦目、稲尾の完投勝ちで巨人は1対6。3勝2敗と王手をかけた平和台での6戦目にも稲尾に完封負けで西鉄が逆王手をかけた。この試合でシリーズ初スタメンに入った中西は2安打2打点で打の主役となり、3連敗4連勝の1958年の奇跡の再現かと西鉄ファンを熱狂させた。

徹底研究された王は、ここまで対稲尾は10打数1安打と完全に抑え込まれている。

「稲尾さんには僕だけじゃなく、みんな苦しみましたからね。ほかのピッチャーから打ってなんとか勝ちましたけど」

翌日の第7戦、夢よ、もう一度とばかり稲尾がまたも先発したが、序盤6失点でノックアウトされ、巨人が18対4と大勝した。

現役時代の接点は少ないが、互いの引退後、2人が球場で長く話し込む姿がよく見られた。果たして、どんな話をしていたのか。

「中西さんがコーチ時代にグラウンドでお話しする機会もありましたし、僕が監督を辞めてからも、お会いするたびにバッティングの話をしました。現役時代の感覚の話ですとか、いろいろでしたね。

打撃論としては僕と中西さんは右と左の違いはありますが、共通したところは多かったですね。中西さんのよく言っていたとおり、インコースははらうだけでいいんですよ。アウトコース寄りの球に自分の全体重が乗ったバッティングができればね。僕も基本的には真ん中の少しアウトコース寄りを思い切って打つ、インコースはほらって打つ打撃でした。引っ張り系の打球が多いので、センター中心の中西さんと打球方向は違いますが、感覚的には共通するものが多かったですよ」

引退後に歩んだ道は似ているようで異なる。中西同様、王にも小久保裕紀（現ソフトバンク監督）をはじめ多くの教え子がいるが、巨人、福岡ダイエーホークス（ソフトバンク）

で監督として実績を積み、2006年WBCでは初代世界一となった王に対し、中西は監督としてではなく、打撃コーチとして名を成した。

「中西さんは技術屋でしたね。自分でお手本を示す人でした。僕は一本足だから、なかなか教えにくいんですが、中西さんは実際、ティーバッティングでも自分で手本を見せたりしていた。中西さんの指導を受けて花を咲かせた選手は多いですよね。中西さんはとにかく根気よくやり、コーチとして素晴らしい実績があります。技術を言葉で伝えるというのは、ものすごく難しいのですが、うまく伝え、何よりやる気を引き出し、選手を乗せるのがうまかった方です。天性のバッティングコーチじゃないですかね。ほんといろいろなタイプ、大きな当たりを飛ばすホームランバッター、小柄なチャンスメーカー、引っ張り、センター返し……。それぞれのタイプの人にうまく教えているなと思っていました」

中西は「ワンちゃんの一本足打法は美しい。だけどな、あれは畳が擦り切れるほどバットを振ったからできたものや」と言っていた。

世界のホームラン王と怪童のバッティング談議。聞いてみたかった。

## ▼1964年（昭和39年）

### 辛辣なヤジと1日だけの引退宣言

翌1964年は足の故障で代打スタートとなった。近鉄以外が団子レースとなるなか、なかなかスタメンで登場しない中西に対し、再び批判の声が激しくなる。

球場の空気を一変させる猛打が、それほど強くファンの心に焼きつけられていたということであろう。中西は、まるで自身の幻影に苦しめられているようでもあった。

兼任監督経験者であり、敵将ながら中西を「太」と呼んでかわいがっていた鶴岡監督もまた、グラウンドで会うと「監督は片手間でいいから全試合出場せよ」とよく言っていた。

ただ、鶴岡監督は左手首の真の状態を知らない。実際には一向に回復せず、ミートしたときはまだいいのだが、空振りすると激痛が走った。

1964年の開幕直後のインタビューを見てみる。評論家・千葉茂との対談で、タイトルは『悩みは深しプレーイング・マネジャー』とあった。

どんどん試合に出るべきという声に対し、中西は「それは十分に分かっとるし、やろうと思うけれども、なかなかうまくいかない。野球が下手になるばかりでね」と答えていた。故障についての言葉はなく、自身ではなくチームの展望を長く話し、軸足を選手ではなく、監督に置きたがっているように思えた。

西鉄の強みを「豪快にボカスカ打てる、集中打が打てる」と語り、「大いに伸ばしたいですね、やはりいい面を重点に置くのが当然ですから。その特長を先に伸ばして、それから欠点を大いに感じ取ってほしい。それはいっぺんにできるものじゃないですよ。しかし気持ちの面だけでもそこに集中してもらえば、いつかはできるし、いいことだと思います」と、のちの中西流打撃指導にも通じる言葉を残している。

さらに理想のチームとして西鉄黄金時代や巨人ではなく、細心さと大胆さを併せ持った試合巧者の南海を挙げ、「巨人とどうとか言うけれども、バランスの点では南海が一番だと思うんですよ。過去のライバルとかいろいろそういうこともあるけど、やっぱり好きなんですわ。ああいうチーム」と言っているのは興味深い。

この年、中西は代打メインで打率1割台と低迷。6月21日、南海戦ダブルヘッダー第1試合（平和台）では9回裏代打に出ようとすると、「中西、お前なんかのバッティングは見たくない。打てば三ゴロか遊ゴロだ。下がれ、下がれ」と大きな声のヤジを浴び、少し顔をしかめた。

その試合に敗れ、第2試合で引き分けたあと、取り囲む記者たちに不機嫌そうな顔で「さあ、あすは休みだ。ゆっくり家族サービスするよ。女房にまで離縁されんようにな」と言い、ロッカーから監督室に入ると、思い詰めた表情で報道陣に少し長めの話をした。

「どうもファンは私が出場しないことに不満を持っているようだ。きょうのヤジなんか、どう見てもわしがファンをあざむいているように思われている。しかし、私だって、プレーヤーとして契約してきたんだから、最善の努力をしてきたつもりだ。ベストコンディションのときは出場してきたつもりだ。

正直言って、ファンが期待されるような昔の力は私にはもうない。むしろ現役プレーヤーとして限界を感じているくらいだ。それでも多くのファンの方々が、私の出場を拍手で迎えてくれるが、もう打てない。単なる顔見せだけの出場はチームのためを考えれば、どんなプラスになるだろう。過去の名声だけで出場することによって、ほかの選手のプレーを制約するのは、チームのためにマイナスではないかと思う。

私は監督として、とてもこんな状態に甘えてばかりおれないんだ。近代野球は高度な作戦用兵を求められているし、今までの中途半端な状態では勝負には勝てない。ここで思い切って選手をやめたい。

まだ引退を正式に表明するのではないが、いずれある人を介して球団やファンの方々に了承してもらおうと思う。それまで報道関係者の皆さんも、あまり大げさに書き立てんでおいてほしい。まあ、よろしく頼みます」

紛れもない「引退宣言」である。

翌日、この話を新聞で読んだ西社長が真意をただす電話をすると、「負けてカッカしていたので、つい現役をやめたいなどと言ってしまい、それが新聞に載ってしまいました。とにかく、もう一度、現役でやる覚悟でいます」と答えた。

現役続行、引退し監督一本……。どちらも本心だろう。

この年の8月、仲がよかった大津守と河村英文に誘われ、チームの休日に福岡郊外の渓谷にハヤ釣りに行った。西鉄OBの2人はこのとき評論家。負け続きで渋い顔ばかりだった中西を少しでも励ましたいと思ったのだ。

真夏のきらめく陽光と美しい山間の風景、冷たく、きれいな渓流……中西はグラウンドとは別人のようなリラックスした表情で釣りを楽しんだ。

2時間ほどしてからだった。やはり近くで釣りをしていた地元の小学生が近づいてきて

「オジちゃん、中西監督だろ」と声を掛けてきた。

人見知りが激しく、知らない人に対し、ぶっきらぼうな対応をすることがあったが、子どもも相手は違う。このときも純朴な農村の子どもたちを前に笑顔で、「よし、みんな集まれ！」と声を掛けると、一緒になって遊び始めた。肩を並べて走り、自らも大声をあげ、笑い転げる。

河村はのちの手記で「こんなに無邪気に童心に帰れる人を私は知らない」と書き、中西について「寂しがり屋。そして対人への柔らかな神経の持ち主」と表現していた。

2人はこの年の秋にも、中西を博多湾の海釣りに誘っている。Bクラスが確定的となり、マスコミにたたかれていた時期だ。中西は「海の上はいいなあ。第一電話がかかってこない」と言い、2人に「あんたらはええ。何を心配することなく、魚釣りを堪能できるけんのう」とこぼし、少しふさぎ込んでいるように見えた。

この日は波が荒く、船頭から「これ以上、沖に出るのは危険」と言われたが、それを聞いた中西が急に「行こう。断固突進！」とはしゃぎ出した。

もやもやを吹き飛ばしたいと思ったのだろう。それからは最初のふさぎっぷりがウソのように陽気になり、スズキを20尾以上釣って笑顔で家路に就いた。

チームは最終的に5位に終わった。自身はほぼ代打で33試合に出場し、打率・150、ホームラン0本。オフには、シーズン中、病気療養があった若林ヘッドコーチがコーチを外れ、技術顧問になることが発表された。末期がんの診断でコーチ業継続が不可能だったのだが、家族の意思で病名は本人にも明かされなかった。

中西は「自分の責任を若林にかぶせるのか」と批判を浴びることになったが、黙して語らず、甘んじて批判を受けた。

▼1965年（昭和40年）

## 先の見えない選手生活。すべては家族のために

翌1965年シーズンを前に「何番を打つのか」「打率何割が目標か」と記者から矢継ぎ早の質問を受け、「まあ、待たんかい」と言った中西は「まだまだ、これからや。まあ1割3分くらい打つと思ってくれんかい。昨年が1割台だからな」と言ったあと、「何試合出るとか約束はできないが、今はとにかく一塁手として全部出たい気持ちでいる。全試

合出場はできんでも、ファンの方にはわしが一生懸命やっているということだけは分かってもらえるようなプレーをしたいね」と話した。

敏子夫人には「今年プレーをやってみてダメなら、もう野球をやめる。きっぱりとな」と言っていた。

覚悟は悲壮だが、表情は暗くはない。「腱鞘炎の痛みの残る左手をかばいながら、本当に血の出る思いで頑張ってきたかいがあって、どうやら満足に打てるところまできた」とも言っている。往時のようにはいかないにせよ、今の自分の体でできる打撃の手応えがあったのだろう。さらに一塁守備が面白くなってきたようで「一塁守備では、わしは日本一だと思っとる」と冗談交じりで話したこともあった。

開幕前、福岡市城西橋に引っ越していた中西家を訪ねた記事がある。

松の木が美しく、手入れの行き届いた大きな庭の一角には、少し不似合いな布状の屋根が張られていた。

「あれか？　雨が降っても素振りができるようにしたわけだ。今は手にマメができたり、風邪のためにやめているが、1日200回くらいは振っている。若いときと違って、どんどん体を鍛え抜かんといかん。昔ならこんなにやらんでもバリバリ打てたもんだが、今はずいぶん野球が下手になっているからな」

当時の中西の最大の楽しみは3人の娘、6歳の則子ちゃん、5歳の栄子ちゃん、2歳の光子ちゃんと一緒に過ごす時間だった。遠征でも、おもちゃや子ども服が目に入ると、値段も確かめず、すぐ3つ買っていく。

「私がこんなことを言うのはおかしいのですが、パパとしては百点満点だと思います。食事から3人の子どもの面倒を見てくれ、大助かりなんです」と敏子夫人。「子どもたちに怒ったところを見たことがありません」とも言っていた。

末っ子の光子ちゃんをヒザに乗せてあやしながら、「男の子もほしいが、女の子は女の子でかわいいよ」と細い目をさらに細めた中西。食事を一つひとつ細かくし、光子ちゃんの口に運んでいた。

「みんなわしが家庭を大事にすると言うが、今年は実のところあまり家族サービスをやっていないので、気がかりになっている。プレーのほうで自分自身の気持ちでさえゆとりを欠いていたためかもしれないが、ついつい後回しにしてしまったわ」

家族のために。それこそが先の見えぬ故障と監督の重責と戦う怪童の最大のモチベーションだった。

3人の娘たちと寛ぐ

開幕の4月10日の近鉄戦（平和台）に六番ファーストでスタメン出場し、3安打の滑り出し。しかし4月17日の阪急戦（西宮）での一塁守備中、ファウルボールを追って塀にぶつかり、右足膝蓋骨骨折。それでもイニングが終わるまでは守った。

「こんなケガをして申し訳ない。ゲームに負けていたし、それだけになおさらハッスルしようと思ってこんなことになった。1日も早く治したい。それだけや」

翌日、日航機で板付空港（現福岡空港）に戻り、足に大きなギプスをつけた中西が貨物用リフトで飛行機から降ろされた。涙をこらえ、真っ赤な目で迎えた敏子夫人だったが、2人きりになると、ボロボロと大粒の涙を流し始めた。

「いくら泣くなと言っても泣くんだな。こんなに女房に心配かけたのは初めてだよ」

中西は「女房にまで、この世界の厳しさを味わわせたくない」が口癖だった。愛妻家だけに、その涙がこたえた。

「俺はついてないな。女房に今シーズン、バットを振ってダメなら野球をやめると言って心配させ、それがやっとやれる見通しがついたら、このケガだ。今度は思い切り女房を喜ばすことをして、恩返ししなくちゃなあ」

全治2カ月の診断だったが、5月10日には退院。11日から指揮官としてのみの復帰をした。すでに南海が歴史的な大独走をしていたが、選手に「自力で南海を止めるぞ」と活を入れた。

6月6日に代打で選手復帰し、7月2日には阪急戦（西宮）で、梶本隆夫からホームラン。阪急のダリル・スペンサーが「あんな低いライナーが入るなんて」と驚いた全盛期を彷彿とさせる一発だった。ホームランは1年10カ月ぶり。「野球をやめようと思っておったんだが、こんな当たりが出てはやめられんわい」と中西も上機嫌で話していた。

しかし、急ぎ過ぎたのは確かだった。右ヒザに痛みが残り、さらに、それをかばったためか左太ももにも痛みが出た。

なかなかスタメン出場とはいかず、代打中心となったが、球団からは「早くスタメンで出てくれないか」とせかされた。球団経営が厳しく身売りのウワサもあった時期で、「中西が試合に出ないから球場には行かない」と言っていたファンも多かった。

それでも「不満足な状態で出てもファンの期待に応えることはできない。豪打・中西のイメージを大切にしてくれるファンのためにも、わしは完全なプレーができるまで辛抱する」と首をタテに振らなかった。中途半端な状態で出て悪化させて欠場という、これまでの悪循環を止めたいと思ったのだろう。

体調は最後まで万全には戻らず、34試合の出場に終わり、打率は・294。チームは3位となったが、首位・南海には大差をつけられたままだった。

▼1966—1969年（昭和41—44年）

## 球団への不信感と再びの引退騒動

1966年のキャンプでは「選手としては自信もなければ不安もない。昨年までは何かに追い掛けられているような感じだったが、今年はゆっくりやるよ」と穏やかな口調で話した。腰を痛めていたこともあり、この時点では「出場は6月くらいかな」と話していた。予定より早く5月4日に代打で初出場しているが、チームの状態は下降気味で、同日から5連敗。それでも12日の南海戦（大阪）に初のスタメン出場をすると、先発の田中勉が完全試合で勝利した。

21日の南海戦（小倉）では代打本塁打、そのあとには特大の二塁打も放った。試合は敗れたものの、「あんたら、わしのホームランに驚いとるようだが、なめてもらっては困るで」と笑顔も見せた。その翌日から球団事務所には「きょう中西は出ますか」と職員には答えようがない電話が殺到するようになったという。

皆、また豪快な中西のバッティングが見たかったのだ。もちろん、中西自身も。

ただ、左手首の故障で本来の打撃ができないのは同じだった。相変わらず、だましだまし。代打がメインで、ヒットは出てもホームランとはいかず、次第に周囲から「打てそうな投手相手にしか出てこない」「見たいのはホームラン量産」、揚げ句、「おいしいところでしか出てこない」とまで言われた。悔しかったが、指揮官として客観的に「打者・中西」を見て、有効な場面で使っていただけでもある。

この年、親会社の西鉄は球団の赤字経営に危機感を募らせ、経営再建に向け、「優勝できなければ全員年俸10パーセントカット」、「結果を出せないベテランは2年後にやめてもらう」など選手に脅しをかけた。

中西にしたら頭越しの話が面白いわけはない。もともと若手選手、特に薄給の選手に気を配る男だった。西鉄は主力選手が自分のグラブ、バットを若手に持たせるのが伝統だったが、唯一、中西だけは絶対にしなかった。遠征でポツンと寂しそうな若手がいると、自ら連れ出し、食事をおごったりもした。

兼任監督になってからは自由契約になった選手が必ず中西家を訪れた。親身になって就職先を探してくれるからでもある。

大っぴらにフロント批判をする男ではないが、「敗戦の責任はすべてわしにある。だが、わしは辞めんで。わしが辞めれば喜ぶ人がいる間はわしは辞められんのだ」と確執をにおわす発言をした。


チームは連勝あり連敗もありながら、足踏みしていた南海をじわじわ追い上げた。平和台は連日多くのファンが詰めかけ、優勝した1963年以上の熱気となる。

そのさなか、女優・藤村志保さんと食事をしながらの対談をし、中西自身によれば「少し酔ってしまい」かなり本音を語っている。

「代打専門くらいなら監督業をやりながらでもできるでしょうけれど、選手で初めから出るということになると、これには相当量の練習も必要だし、体の調子も整えなければいかんでしょう。のんきにやればいいじゃないかとはたで見ている人は考えるでしょうが、この仕事は50人もの人を抱えて、常時25人、30人近くの選手を連れて歩くのだからね。それに加えて自分も出る、監督もやるということになると、かえっていろいろな面で引っ込み思案になる」

「（ヤジに対して）人間だからね、バカだ、アホだと言われると、飛び上がっていってやっつけてやろうと思うときもありますよ。しかしそれじゃいかんからね。

選手のときはそんなことあまりなかったけれども、監督になると、そういう切り替えが難しかったね。つらかったですよ、一番。選手のときは地元で悪く言われたことないですよ、相手に打たれたら打ち返せばいいのだから。監督になったら途端に……。そのうえお前が出ないからだと嫌がらせ言うでしょ。僕の場合、よけいこたえた」

さらに「翌年からは監督一本と思い、最後のシーズンだと思ってやっている」と発言。再び引退宣言かと騒がれた。

## 優勝へ最後の打席は「代打・中西」

その後も南海を猛追。9月30日からの7連勝もあり、残り4試合に勝てば、すでに全日程を終えた南海とプレーオフと、1963年と似た状況をつくった。

しかし初戦となった10月9日の東映戦ダブルヘッダー第1試合（後楽園）、5回途中から登板の稲尾が力投するも1対2とリードを許し、9回表二死まで追い詰められた。

ここで中西は自らが代打で登場。球場は大歓声に包まれたが、ショートゴロで逆転優勝の夢は砕かれた。

中西は巨体をすぼめて一塁から静まり返るベンチまでのろのろと帰った。その背中に大きな拍手が送られ、中西はダグアウトに降りる前、右手をそっと上げた。

ベンチで水を飲み、そのあとも報道陣に背中を向けて立ち尽くした。

「何かありますかな」

しばらくして振り向いた中西が報道陣に問い掛ける。目は少し赤くなっていたが、顔にはぎこちないながら笑みを張りつかせていた。

「ファンに申し訳ない。僕が下手くそだった。選手たちがあんなによくやってくれたのに」

口を開くと、やはり愚痴になったが、この日の後楽園は敵地ながらほぼ西鉄ファンに埋め尽くされ、最後まで熱心な応援を続けていた。

敵将・水原茂監督は「最後は中西に打ってほしかった。変な話だが、本当にそう思った。これだけのファンを集めたのだもの」と話している。

もしこの試合に勝っていたら、もし大逆転優勝をしていたら、西鉄の未来は変わっていたのだろうか。

翌1967年は安定感に欠く1年ながら2位。稲尾の衰えは隠せなかったが、1965年に入団した池永正明が23勝で最多勝とエースに成長したことが大きかった。中西の出番は少なかったが、打率は・278と出ればそれなりに打っている。

1968年は6月18日からの9連敗などもあって5位と低迷。またしても批判にさらされたが、「辞めて済むものならいつでも辞める。しかし、それでは責任を取ったことにならんやろ」。さらに「3年計画のチーム再建と思っている。わしに時間をくれと言ってもファンの皆さんは性急やがな」と言っていた。

35歳の中西は25打数ながら10安打で打率・400。左手首の痛みは癒えず、選手としては間違いなく限界ではあったが、それでもヒットは打てた。ファンも期待し、打席に立つと、誰よりも大きな声援を送った。

そして1969年、西鉄ライオンズでのラストイヤーを迎える。

## 暗黒の時代に突入、そして……

1969年は、西鉄ライオンズにとって暗黒の最終盤の幕開けとなった。

開幕前から最下位候補の筆頭。新人を大量に獲って若返りを進めたが、将来を見据えたチームの強化というより、球団経営の悪化で、給料の安い若手中心にするしかなかったのが現実だ。

それでも中西はキャンプで「負けても、きっと面白かったと言ってもらえるゲームができるだろう」と前を向いて話している。実際、同年、東尾修、大田卓司ら、のち主力となる選手が入団。竹之内雅史、基満男、東田正義など、前途有望な若手打者も育っていた。

中西の3年間計画は、かつての三原監督のように、彼ら若手を試合で使いながら育てていくプランだったと思う。戦力均等化のため1965年秋から始まったドラフト制度も貧乏球団の追い風になる可能性があった。

しかし、それは時間が掛かる。

この年は肩の故障を抱える稲尾と池永の不振が響き、開幕から最下位にどっかり。敗戦のあと、平和台には座布団の雨が降り、空き缶、空き瓶の嵐となった。

ヤジも激しい。「球団は解散、お前らはクビ」「中西、辞めろ」「銭返せ、俺が打ってやる」「もう来ないぞ、誰がこんなゲームを見に来てやるもんか」。少年ファンまでも「弱虫！たまには勝ってみろ」と大人をマネてヤジった。

西鉄は伝統的に波の大きいチームで、これまでもどん底に思えた低迷からの大逆転が数多くあったが、今回は少し違っていた。選手に覇気がなく、現状を「仕方ない」「どうせ弱いんだから」と、受け入れたような言葉が目立った。

選手がよく通っていた東中洲の中華料理店の店主が、こう言っていた。

「野球の話をしようと思って話し掛けても乗ってこない連中が増えたね。そのくせギャンブルや女の話をすると独演を始める始末だ。強いころの選手はよく遊んだが、野球との間にはけじめをつけていたんだがな」

まもなく明るみに出る闇が垣間見える。

5月には泥沼の9連敗（1分け挟む）。22日には近鉄戦（平和台）で投げ込まれたビール瓶が打席の近鉄・岩木康郎の太ももに当たり、近鉄・三原監督が選手を引き揚げさせる騒ぎになった。試合後、「負けても選手は一生懸命やっとる。それでも勝てんのやからわしが悪い。なんらかの形でお詫びをせんならん」と中西は神妙な顔で言った。

この夜、福岡の中西の自宅を三原が訪れた。どんな話をしたかは定かではないが、翌23日、国広直俊社長に体調不良での休養を申し出て、承認された。あくまで憶測だが、さまざまな裏情報が入っていたであろう三原が、中西にこのまま辞めるよう勧めていたのかもしれない。

実際、そのまま退任かとも言われたが、6月14日には復帰。選手を前に「勝手に休んで皆さんには迷惑を掛けた」と頭を下げた。同日の復帰第1戦は7対4で勝利し、中西スマイルを見せたが、復帰も上昇のきっかけとはならなかった。

中西は、その後、「もう今年限り」と何度も報道陣の前で言い、球団には早い時点で辞意を伝えていたらしい。

そのあと、球界を大きく揺るがす「黒い霧事件」が発覚。10月8日、読売新聞、報知新聞両紙に掲載された西鉄の投手・永易将之の八百長疑惑事件から始まったものだ。西鉄はその渦中となった。

結果的に中西は不振と不祥事の責任を取る形で退任。体調的にもぜんそくに苦しみ、敏子夫人は「家では体調が悪いなと思って見ていると、テレビで試合を見ると別人のように元気なんですよ。元気になってよかったと思っていたら、家に帰ってくるとぜんそくを発症したりしていました。あすは試合に行けないんじゃないかと思うときも何度もありましたが、次の日に自分で車を運転して出掛けていき、夜にまたテレビを見ていると元気になっている。その繰り返しでした」と振り返る。

チームは5位。中西は6試合の出場でヒットはなく、打率・000が希代のスラッガーのラストイヤーとなった。

「今後のことは一切考えていない。四国で百姓でもしようか」

その言葉は本音だろう。

「現役晩年はピエロ。バットを握ることが苦痛だった。声援が大きければ大きいほど苦しかった」とも振り返っている。

18年の選手生活、そして西鉄ライオンズでの日々は後味の悪い終わり方となった。


翌1970年、稲尾新監督でスタートを切った西鉄だが、シーズン途中でエースの池永をはじめ複数の永久追放選手、出場停止処分者を出し、ボロボロの状態で戦い、最下位。翌年、翌々年も浮上の兆しを見せぬまま3年連続最下位となった。1972年限りで西鉄は球団経営から撤退し、太平洋クラブ・ライオンズと名を変えている。

# 第4章

# お遍路

▼1970―1973年（昭和45―48年）

## 北海道行きも会えなかった新人・若松勉

西鉄退団後、評論家となっていた中西に、1970年秋、長崎県出身で、以前からの知り合いだったヤクルトアトムズの松園尚巳オーナーから連絡があった。「チームをつくり直したいので、三原さんと一緒に手伝ってくれませんか」というものだ。三原脩は体調不良もあって近鉄の監督を辞めたばかりだった。

前身の国鉄から1965年途中にサンケイ、さらに1970年からヤクルトに経営が変わっていた。松園オーナーは巨人と対抗できる球団にと張り切ったが、そう簡単ではない。低迷が続き、8月の16連敗もあって勝率・268の最下位に終わっていた。

三原新監督の下、中西はヘッドコーチに就任。新体制の球団はコーチングスタッフだけでなく、組織としても脆弱《ぜいじゃく》で、「いいスカウトがいないですか」と言われ、西鉄で一緒にやった先輩外野手の塚本悦郎を紹介している。

直後のドラフト会議でヤクルトは電電北海道の好打の外野手・若松勉を3位で指名。当時のヤクルトは巨人のように誰もが入りたがるチームではなかった。ダメ元の指名も多く、指名後のスカウトの交渉もまた重要になる。

若松は塚本が初仕事で担当した選手だったが、「入団を渋っているから、一緒に来て話をしてくれないか」と頼まれ、ともに北海道に向かった。

結果的にこの北海道行きが、中西にとっても転機となる。

「そのときは若松君には会っていないんだよ。家に行くと、彼はプロなんか行かないと逃げてしまっていた。仕方がないから、お父さんと、高校時代の監督さんに話をしたんだ」

若松は当時をこう振り返る。

「中西さんがいらしているというのはちらりと聞きましたが、スカウトの方に会ってしまったら説得されちゃうかもと思い、逃げました（笑）。もう結婚もしていたし、会社も反対していましたしね。体が小さかったし、プロになりたいなんてまったく考えてもいませんでした。当時、北海道からプロに行った人はほとんどいないし、行ってもすぐ帰ってきて、電電北海道のコーチをされていた方もいましたからね」

中西は姿を見せない若松に、自身の西鉄入りのときの不安な気持ちを重ねた。父親たちに話したのも当時の話だった。

「私は高松一高を出るとき、早稲田が決まっていたが、家が大貧乏だったから、三原さんの誘いもあって思い切って西鉄に入った。今は自信がないようだが、その謙虚さは素晴らしいことだ。いざ入ったら、そういう自分にうぬぼれない人間こそ、必ず頑張れる、死に物狂いになれる。私も決して上背があったわけじゃないが、プロは体の大きさで決まるわけではありません、とね」

入団は難しいかなと思っていたが、東京に戻って何日かしたら「よろしくお願いします」と連絡があった。

「中西さんが、体が小さくても大丈夫だとおっしゃっていたのは聞きました。でも、やっぱり自分には無理だろうと思ったのですが、ずっとお世話になっていた方やチームの後援会の方々が、お前ならできると応援してくれたこともありました。自信なんかまったくなかったですが、とりあえずやってみようかと」

中西のコーチの仕事はそこからだ。もちろん、西鉄時代も若手の指導はしていたが、専任コーチはこれが初めて。当然、戸惑いはあった。

「三原監督は、選手をつくることは、すべて任せると言ってくれたが、任せるといっても、オヤジがいるのに、そんなに勝手にできるわけないよ」

しかし、だからこそ「とにかく自分のできることを一生懸命やろうと思い、若い選手たちに一から基本を教えた」と振り返る。

「当時のヤクルトは小粒ではあったが、若松君をはじめ素直な選手ばかりだったのもよかったね」

彼らに情熱のすべてを懸ける決意をした。

## 「教えているようで、教えられているんだ」

若松は中西の第一印象について「まだ現役を終えたばかりの30代でしたし（37歳）、体はすごかったですよ。背丈はそれほどじゃありませんが、すごく横にがっしりして頑丈そうというんですかね。腕っぷしも太くて、ああ、こういう人がプロ野球選手になるんだと思いました」と振り返る。

若松にとって、体が小さいことはコンプレックスではあったが、だからこそ、体の大きい選手に負けたくないという思いは強く、実際、長打力には自信もあった。

「ただ、引っ張りタイプだったんで、内角球はライト側のファウルゾーンに切れていくことが多かったんですよ」

中西は「それじゃプロでは通用しないぞ」と諭した。

「若松君もそうだったが、体が小さいのに大きいのを打つぞ、と言われて見に行くと、たいていは甘い球は確かに打つが、インコースはファウルになる。バットが外から出ているからだ。そうじゃなく、内側からたたく。インサイドアウトだね。

非力な選手はバットを短く持って右方向に当てて打てと昔はよく言われた。でも、そうなると、アウトコースはコツンと当てるだけ、インコースはまた別のスイングになるやろ。そうじゃなく、すべて同じでいいんだ。ゆったりした構えで、いらっしゃいと引きつけ、まず外に来た球を左打者の若松君なら左中間方向に強い打球を打ち返し、インコースに来たら体をきゅっとターンさせ、シャープに打つ。レベルなスイングでね。それならファウルにはならない。

わしはそれを1モーション、2ポイントと言っていた。単なる言い方だけど、分かりやすいと思ってね。それを若松君らに言い聞かせながら、とことんやった」

中西は取材の際、打撃の話になると、いつも身振り手振りが入った。時に立ち上がって、両腕を柔らかく使いながら、「引きつけて、引きつけて、こうや」と言って腰をきゅっと入れ、「どや、分かるか」とばかりにじろりと見る。こちらもなんとなく動きをマネするのだが、ものにならんと思われたか、ため息をつかれたこともあった。

若松に加え、ヤクルトの若手選手で特に熱心だったのが、プロ2年目で若松と同学年、のち打撃コーチとして高い評価を得る内田順三だった。2人とも左打ちという共通点はあったが、バッターとしてのタイプは違った。

「内田君はタテに振ってたたく、若松君はタイミングで打つタイプだった。全体練習が終わってからも、彼らが納得するまでトスを上げた。2人はマジメだから必死で来るし、こっちも必死。キャンプでは毎日、その繰り返しだった」

昼間はグラウンドでトスを上げ、打撃投手としても投げた。夜は食堂を片付け、畳の上で素振りだ。「両方の足の親指が摩擦熱でやけどして皮膚が破れ、テーピングを巻いてやっていました」と若松。部屋で布切れや靴下を丸めて打たせたこともあった。打ち返したものが体に当たるので、1球1球、座布団で体を隠しながらだ。

はたから見たら滑稽だったかもしれないが、誰が見ていようがどう思われようが関係ない。毎夜、汗だくになって夢中でやった。

中西は日々、限られた時間、スペースで何ができるか、何が有効かを考え、実際にやってみた。バットを持っての練習だけではない。柱を両手で持って上体は動かさず、軸足の親指に力を入れ、蹴るようにして腰を回させたりもした。それで自然と下半身主導のスイングの感覚が分かってくる。

「要は反動なんだ。内転筋に意識を置いて、そこを止めれば、自然とバットのヘッドが走る。それが正しいスイング。あとね、大事なのはそれを自分でもやってみせること。その積み重ねが信頼になる」

まさに野球漬けの毎日だったが、中西は夜間練習の参加を強制したわけではない。若松に「休みたいとか、手を抜きたいとか思ったことはなかったのですか」と尋ねた。

「それは一度もありません。内田もやっていたので負けまいというのもあったし、このまじゃ北海道には帰れないという思いもありました。とにかく3年間、必死にやってみよう、それでダメならもうやめようという覚悟がありましたから。今の選手は想像できないかもしれませんが、昔の選手は今とは違って給料も安いし、用具も自分持ちでしたからね。一軍で活躍するような選手は別として、家族持ちだと生活が厳しかったのもあります」

中西は三原監督から「若松みたいに体が小さい選手をどうしてあんなに教えるんだ」と言われ、「徹底的についてくるので教えないわけにはいきません」と答えた。若松は、それをあとで人づてに聞き、「それだけ必死に食らいつきましたからね」と振り返っている。

現役時代に成功体験のあった選手は、指導者になって、どうしても自分の考えを押しつけ、型にはめてしまいがちだが、中西はそうならなかった。

「何も言わなくてもうまくいく選手もいる。そういう選手は放っておけばいいんだ。そうじゃなくて、うまくいかない選手にいかに情熱を注ぐか。個性を生かしてね。若松君であれば、あの太い足、あの下半身の力をどう生かすかを考えた。

だいたいプロに来るような人間は、みんな素晴らしい力がある。それなのに欠点を指摘してても仕方がない。萎縮するだけさ。バッティングもピッチングも最初からできる人はいないんだから。大事なのは、いかに長所を生かすか。そのためには眼力が必要なんや」

これも三原の教え、「人を見て法を説け」である。

若松を教えながら、あらためて強く感じたのは「教えているようで、教えられているんだ」ということだった。

「どういう言葉を掛けたらいいのか、どうやらせればよかったかも教えながら分かってくる。理屈を言葉でなんぼ言ってもダメ。理屈が先に走ると、カッコばかりになる。そういうことを、あそこで汗を流しながら学んだ。

よく今のコーチは、最近の子は頭がいい。理論は分かる、でも、それをやるにつなげるのは難しいという話をする。でも、だったら、やれるようになるまで付き合うしかない。こっちも、やって無駄なことはしないし、させない。やったらうまくなるかもしれないことをさせなきゃ、信頼も生まれない。

自分の考えを押しつけてもダメ。コーチは手伝うだけでいいんだよ。一緒に汗を流して泥まみれになってやらんと選手は育たん。だから、やれとは絶対に言わんことだね。やってみるかでいいんだ。無理押しは絶対にしない。共同作業なんだからね。

わしは体は使ったが、能書きは言わん。目いっぱいの情熱をぶつけるだけや。それで選手の邪魔をしない。言葉で分かるならコーチなんておらんでええでしょ。一緒に苦労し、気づくのを待つ。それだけや」

この言葉を聞き、こう思う人もいるかもしれない。「それは理想論です」と。

しかし、中西は言葉だけではなく、そのときも、それからも実践し続けた。

ずっと変わらずに。

人を思いやる懐深い性格に加え、自分で工夫し苦労して打撃技術を磨いたこと、故障に苦しんだこと、監督としての挫折、自分の指導に食らいつく若松、内田との二人三脚……。苦も楽も、すべての経験がコーチとしての礎となっていった。これもまた、三原の言葉、「何苦楚」につながる。

指導者となった中西は三原から預かったノートを時間があれば何度も読み直し、時に書き写した。最初は分からなくても、さまざまな経験を積みながら腑に落ちる言葉も多く、すべてが中西の血肉となっていった。

**若松勉の証言「中西さんと出会わなければ今の自分はありません」**

若松は「中西さんが選手に怒ったのは見たことがないです」と言う。

「試合でライナー性の当たりがアウトになっても『今のはいい打ち方でアウトになっているのだからヒットだと思え』と言ってくれ、フリーバッティングでは、いつも『いい打ち方をしているぞ』ばかり。乗せ上手、褒め上手ですね。否定するような言い方をするのを聞いたことがなかったです」

若松とは遠征の移動の間も、ずっとバッティングについて話し合った。

「彼は酒が好きなんで、夜行列車で帰るとき、小さいサントリーオールドを、ちびちびと飲みながら話したりね。シーズンに入っても夜は、毎日のようにスイングだった。本当に死に物狂いでやったよ。私の現役時代もそうだった。うまくなるためには死に物狂いでやらんといけない。そうしないと体にも頭にも入ってこないからね。

それで彼は2年目（1972年）に首位打者になった。あれは私もうれしかった。自分のやっていることは間違ってないんだと思ったからね。

若松君で覚えているのは、いつも北海道からおふくろさんが目にいいからと送ってくれたヤツメうなぎや、すじこを乗せたご飯を食べていたことだ。親孝行で、とにかく人柄がよかった。若松君が成功したことで、わしの人生も変わった。コーチは天職、そう思うようになった」

逆に言えば、若松に出会わなかったらどうなったのか。いくら素晴らしい指導をしても、選手が必死でついてきてくれ、かつ結果を出してくれなければ、プロの世界は評価されない。それを中西は最初のコーチ時代に手にした。

若松も同じだ。

「中西さんと出会わなければ今の自分はありません。それは間違いありません」

人生にはいいほうでも悪いほうでも、さまざまな「たられば」がある。

若松に「中西イズムは、今のヤクルトに残っていますか」と聞いた。

「もちろん、あると思います。技術的には、やはり下半身を使ったスイングですね。インパクトでも上体だけじゃなく、下半身を使ってたたくイメージです。今のチームで言えば、杉村（繁）が打撃コーチでいます。彼も中西さんの教えを受けたし、僕の教え方もずっと隣で見ていました。彼の指導で、山田（哲人）がトリプル3を3回もするような大打者になりましたしね」

ある意味、中西イズムの原点であり、拠点となっているのが「ヤクルトにとってと言うより日本の野球界にとって大きかったと思う」と中西が言う、1971年5月に完成した神宮の室内練習場だ。当時、本拠地球場近くに、これほど大きなインドア練習場がある球団はなかった。

尽力したのは三原監督だ。

「神宮は国の土地だったから簡単じゃない。政治家で、のち首相の大平正芳さん、社会党委員長の成田知巳さん、あとは神宮の場長をやられた伊丹安広さんと当時の〝えらもん〟を三原さんが集めて実現したものだ。みんな香川の出だしな。

もともと、三原さんは西鉄の監督時代、雨が多い九州でインドア練習場をつくったんだが、神宮のインドアができたあと、それが全国に広がった。長い話で言えば、結果的に北国とか、そういう差がなくなっていくことにつながったと思うよ。

逆方向に大きな打球を打つバッターが多いことが、ヤクルトの伝統だけれど、これは、あの広いインドアで、指導者が選手と一緒にスイングをつくってきたからだ。わしだけじゃないよ。引退したあとの若松君もそう、杉村君と山田君もそう。それぞれが自分で考え、いろいろな形で工夫し、アレンジしながら、伝統をつないでくれているんだ。

わしもそうだよ。あそこで、ずいぶん球を投げたり、トスを上げた。打球が体に当たったことも何度もある。いろいろなやり方を考え、勉強した。細いバットを振らせて、シャープなスイングを覚え込ませたりね。不自由なところで、考えて工夫する。あれで私も指導の方向性、人を育てる方向性ができた。あの時代があって、どの球団に行ってもできるようになったと思っている」

チーム順位は6、4、4位と振るわず、1973年限りで三原とともにチームを去ることになったが、種をまいた自負はある。

「3年やって、選手が育ってきた実感もあった。それが、そのあと廣岡（達朗）さんの下で花を開いたんだと思う（1978年球団初優勝時の監督）。別に、誰が偉いとかいう話をしようというわけじゃないよ。チームが強くなって、伝統ができた。それが一番素晴らしいことだよな」

若手時代、北海道に里帰りした際の若松

▼1974—1975年（昭和49—50年）

## 監督失格の烙印「あのころのことは墓場まで持っていくよ」

ヤクルト退団後、すぐ連絡をくれたのが、日本ハムの大社義規社長だった。

「昔からの知り合いでね。高松に帰ると、後援会の集まりにも来ていらした。当時はまだ徳島ハムだったと思うが、これから大阪、九州に出て、努力して大きくなっていこうという時期だった。頭のいい人で、たまたま高松中で三原さんの4つくらい後輩という関係もあった。それである日、大阪でお会いしたら『今度は東京に上らないかん。そのために球団を持ちたい』って。えらいこと頼まれたなあと思ったよ。ちょうどヤクルトを終わるときで、三原さんは体がずいぶん悪くなっていたんだけれど、橋渡しをしたら『後輩でもあるし、球界のためにもやろう』と言って動かれた」

ちょうど1973年に東映を買収した日拓ホーム・フライヤーズが、創設わずか1シーズンながら身売り先を探していた。三原が間を取り持ち、日本ハムファイターズが誕生することになる。

「大変だったのは、日拓が1年でやめただろ。そのとき（本拠地として使っていた）後楽園が、そんないい加減なところはもうやらせんと言ってきた。三原さんが頼み込んで、三原さんの信用でやらせてもらうようになったんだ。あの人なくして日本ハムはないんだよ」

三原は体調面の不安もあって、現場ではなく、球団社長としてGMのような立場となり、行きがかり上というのか、中西が「自分は不向き」と思っていた監督になった。三原にしたら、中西にもう一度チャンスをと思ったのかもしれない。

ただ、チーム状態が悪過ぎた。

日拓の前身、東映は「駒澤の暴れん坊」とも言われた個性派たちのチームだった。駒澤球場を本拠地にしたのは1961年までだったが、以後も気風は残る。名将・水原茂がいた時代はよかったが、水原退任後、成績が低迷し始めると、どうしてもチームが緩む。外から見れば、豪傑ぞろいの西鉄と似た匂いがあったが、中西から見ると、ふだんはバラバラでもグラウンドでは一つになった西鉄とはまったく違っていた。

前年後期に兄貴分の土橋正幸が監督となり、それなりに結果を出しながら解任されたこともベテランたちの反発につながり、監督批判も平気で口にした（当時のパは前後期制）。兼任のヘッド兼打撃コーチから選手に戻った張本勲は記者たちによく「あの人はピンチになると下を向いたり、ベンチ裏に消えてしまう。これじゃわれわれはやってられん」と言っていた。実は中西、西鉄兼任監督時代にもピンチになると顔を手で覆い、指の隙間から覗いていたという逸話がある。

「一匹狼がたくさんおった。その人らをわしのような未熟なへぼ監督ではさばききれん。まあ、さばこうとは思ってないけどな。それで入れ替えをした」

中西というより三原社長の主導だったが、東映色排除のため大胆な移籍をしていく。1975年に大下剛史を広島、大杉勝男をヤクルト、中西の退任後だが、1976年には張本を巨人にと主力を次々放出し、この2年のあと、ほぼ別のチームになった。

「外に出て一人になったら、みんな立派な仕事をしたよね。いい仕事をして優勝しとる。よかったんじゃないかな。集まったら大変だったけど、その話は墓場まで持っていくよ」

中西は顔を大げさにしかめた。

日本ハムは1974年、1975年と2年連続最下位。観客動員も伸び悩み、親会社内でも中西批判が起こった。

三原は『風雲の軌跡』でこう書く。

「これ以上、中西君でやっていくのは、お互いが傷ついてしまう。気の毒だが、泣いて馬謖（ばしょく）を斬るしかない。企業というか、組織の論理がそこにある。悩み続けた私は、決意した」

中西は退任、後任には大沢啓二が就く。中西はこのとき「三原社長にクビにされ、監督はもういいと思った」と明かす。

自暴自棄ではない。むしろ晴れ晴れとした思いからだ。

「『よし、私は私に合った道を行こう』と思ったんだ。監督は決断力、切った張ったが必要だけど、あのときのわしにはできんかった。でも、育てるほうならできる。

それはねえ、私は行商のおふくろの背中に乗って育った。仕事をして、汗をかく、恥をかくことは平気なんだ。見抜いていたんだね。三原さんは『監督・中西』が向いていないことを教えてくれ、ある本には『人間・中西、人間性を大事にする。マジメにコツコツと』と書いていた。監督は使い分けなきゃいけないやろ。人間性だけでなく、少々扱いづらくともそれに合った指導をして、使えるのであれば使う。そんなの40歳前後の未熟な男にできるわけないよ。

わしが本当に人を育てることができるようになったのは50歳を過ぎてからじゃった。いろいろな経験をして、恥をかき、ドキドキしたこともあったけれど、それで野球が見えてきて、公平に助言ができるようになった」

そう言いながら「ただ、考えてみたら三原さんが西鉄に来たのは39歳。あの人はできたんだね」とも言った。

尊敬する三原のような監督になりたい、ならねば、という思いがずっとあった。それが、いつの間にか呪縛になっていたのかもしれない。

ただ、決して三原からの卒業ではない。

「わしの義理のオヤジとかは抜きにして、三原さんがやってきたことを伝えていくのは野球人としての責任と思っている。野球に育ててもらったことに対する、少しでも恩返しという気持ちからもね」

三原は1984年にこの世を去ったが、中西は言葉どおり、自ら指導者として三原の教えを実践し、語り部として伝え続けた。

それが2023年のWBC世界一にもつながっていくのは、またあとで書く。

▼1976―1981年（昭和51―56年）

## バッティングだけではなく、その人間の長所を見抜く

1978年オフ、再び解説者をしていた中西に声を掛けたのが、1958年オフの日米野球で知り合い、阪神監督となったブレイザーだった。カージナルスの内野手で、南海でもプレーしたドン・ブラッシンゲームである。

南海で現役引退したあと、1970年から南海で野村克也兼任監督の下、ヘッドコーチとなり、「シンキングベースボール」、つまり「考える野球」を実践。内外野のフォーメーションをはじめ、現代野球と比してもそん色ない驚くほど緻密なもので、のちヤクルトの野村ＩＤ野球のベースとなった。

中西にとって関西球団は初めてだった。野球に加え、初めての単身赴任生活への不安もあったが、話を受けたのには、中西のある思いがあった。

「西鉄を辞めたあと、声を掛けてくれた球団を3年ずつ回ろうと思ったんだ。西鉄の最後にお騒がせしたから、おわびじゃよ。わしは四国じゃから、お遍路だな」

名声や報酬ではなく、少しでも多くの選手とともに汗を流したいと思った。その思いが

ヤクルトでの若松との二人三脚につながり、日本ハムでの監督解任を経て、さらに強いものとなっていた。

このときはマンション住まい。仲間たちと麻雀をしていたとき、風呂を空だきしてしまったこともあった。近所になじみの店ができ、新しい友もできた。敏子夫人もちょくちょくやってきたし、虎風荘の寮母さんが部屋の掃除をしてくれることもあった。特別不自由を感じることもなく、楽しい日々となる。

何より刺激的だったのは、新しい選手たちとの出会いだ。チームは強くはなかったが、教えがいがある若い選手がたくさんいた。

選手をどう伸ばすか考えたとき、きっかけとなるのは打撃だけではない。守備や走塁も武器になる。守走にも優れ、監督経験もある中西は、その選手をトータルに観察する眼力と、何を伸ばせばチームのプラスになるのかというものさしも持っていた。

具体例が加藤博一だ。のち大洋で「スーパーカー・トリオ」の一角にもなった俊足選手である。ドラフト外で西鉄（太平洋）に1970年入団だから、中西とは入れ違いだ。

ライオンズでは芽が出ず、1976年阪神に移籍。中西が入った1979年から一軍に定着した。ただ、元気はいいものの結果は今一つ。特にウエスタン・リーグでは2度盗塁王ともなった俊足を一軍ではまったく生かせなかった。

「足は速いし、リードも大きいが、スタートの切り方が遅く、けん制でアウトになることもよくあって〝チョンボの加藤〟とも言われていた。でも常に積極的で、走りたくって仕方がない感じがありあり分かるんや。これをどう生かしたらいいか、ブレイザーとも相談し、ベンチでしっかり相手を注視して相手投手の投球時のクセを教えてやることにした。それを覚えてからというもの、加藤君はピチピチと塁上を走り回り、プレーが生き生きとしてきてレギュラーへの道を突っ走り始めた」

走塁で結果が出たことで自然と自信がつき、バッティングにも集中していく。翌1980年、初の規定打席到達で打率・314、34盗塁の大ブレークだ。プロになるような選手は気持ちの持ち方次第で、ここまで変わる。

それはコーチ・中西の財産にもなっていく。

**真弓明信の証言「中西さんはしつこかったですね」**

加藤と同じくライオンズ出身で、中西と同じタイミングで阪神に移籍したのが、当時25歳の真弓明信だった（移籍前の球団名はクラウンライター）。西鉄のおひざ元・福岡県出身で、ライオンズ入団は1973年。それまで中西との接点はほとんどなく、「時々、球場で顔を合わせた際、あいさつをする程度でした」と言う。

前年の1978年、初の規定打席に到達し、打率・280をマークした売り出し中の遊撃手だが、もちろん、新天地・阪神でレギュラーが確約されていたわけではない。

中西は真弓にまず「外角を強く打て！」と言った。

「よくおっしゃっていたのは『プロの世界になるとアウトコースが7割近くになる。それを打たないと打率3割はいかないぞ』ということでした。僕はもともとインコースは打てたんで、そこはあまり言われていませんが、外角、特に逃げていく球をまったく打てなかったんですよ」

毎日、マンツーマンで指導を受けた。春季キャンプであれば、全体練習のあとの夜間練習でもずっとだ。

怒られたことは？　と聞くと、若松同様、「なかったですよ」と言う。新人だった若松とは違い、すでにそれなりの実績もあった。課題を感じていたとはいえ、強制されず、中西の猛練習についていったのはなぜなのだろうか。

「前の年はたまたま結果が出ましたが、まだ、自分の打撃が固まっていないのは自分自身が一番分かっていました。自分が早く一人前の打撃ができるようになりたいというのが第一です。あと、中西さんは、あの体で、と言うと失礼かもしれないのですけれど、20分、30分とバッティングピッチャーをやってくれるんですよ。もちろん、その前にトスも自分で上げてくれたあとです。そうなれば、こっちがやめるというわけにはいかないでしょ。厳しくはない、怖くもないけど、あえて言うなら、しつこかったですね（笑）。でも、僕を一人前にしたいという思い、情熱が伝わるから、力なんて抜けない」

下半身、腰の使い方を何度も言われたが、決して難しいことを言われたわけではなく、言葉は短く的確だった。その理論は乾いたタオルが水を吸うように入ってきたが、中西の指導には次の段階がある。

「中西さんに言われることをちゃんとやれば打てるんですよ。言われていることは分かりやすいですしね。バットのヘッドが早く出る、腰がうまく入らないとか課題は分かって、それは、やっていくうちにできるようになる。だけど、そのときだけなんです。体は、いつも自分の頭にある理論どおりに動くわけじゃないということですよね。1回できた、よかったじゃなく、継続してできるようにするために体にたたき込ませていく。それこそ本能でできるまで数をこなさなきゃいけないわけです。中西さんは、そこがしつこかった」

一歩一歩、少しずつ、確実に前に進ませる指導と言えばいいのだろうか。

真弓の歩みもそうだ。阪神1年目の1979年はショートの定位置に就き、サイクルヒットもマーク。2年目の1980年には5試合連続本塁打もあって29本塁打。中西が去ったあとだが、1983年には打率・353で首位打者にも輝く。1985年には一番打者として打率・322、34本塁打で優勝、日本一に貢献し、結果的には42歳の1995年までプレーを続けることになる。

「3割は首位打者の年が初めてだったんですが、僕は中西さんがおっしゃっていたことができるようになって3割打てるようになったと思っています。というか、それだけです。僕のバッティングは中西さんですから。中西さんの打撃理論を習得できたからこそ、これだけ長くできたんじゃないかと思っています。あのころずっと思っていました。中西さんは、僕のためにタイガースに来てくれたんじゃないかって」

引退後、互いの評論家時代に一緒に食事をすることもあったが、「いつも野球の話ばかりでしたね。あとは病気と健康の話かな。わしはもう死にぞこないだから、とよく言ってました」と笑う。

真弓は2009年から2011年まで阪神監督も務めた。当時の取材時、中西が「真弓君はようやっとる」とか「ちょっと心配やな。でも真弓君なら大丈夫やろ」といつも気に掛けていたのを思い出す。

実際に阪神のキャンプにも足を運び、若手を中心に指導をした。シーズン中も電話やショートメールで連絡し合い、「若い選手が調子が悪いんですと相談すると、『分かった！』と神宮遠征のときに来てくれ、教えてくれたりしたこともあります。よく言われたのは、『わしが教えたことをしっかり若い人に伝えてくれよ』でした」。

夜間にトス打撃をする真弓。写真にはないが、投げているのは中西だ

## 阪神監督として受けた猛烈なバッシング

阪神には、ほかにものち監督にもなる中村勝広、若き中心打者・掛布雅之、2度の優勝監督となった岡田彰布ら、中西の愛弟子たちがたくさんいる。

阪神2年目の1980年のアリゾナ春季キャンプでは全体練習、居残り練習だけでなく、夜になるとホテルの庭にネットを張って新人の岡田にスポンジボールを打たせた。投げながら、じわじわ近づいてくるので、「指先を何回かバットで打ってしまったことがある」と岡田は振り返る。

状況が一変したのは、同年5月、岡田の起用を巡る騒動でブレイザー監督が退団してからだった。「もう監督はええ。わしは打撃コーチが天職や」とずっと言っていた中西だが、シーズン中もあって代わりがおらず、急きょ代理監督就任となった。

終わってみれば5位。監督は1年で十分と思っていた中西は球団に辞意を伝えたが、慰留され、「1年だけなら」と続投を決めた。

しかし、この1年が悪夢となる。

1981年は4月14日から8連敗で一度最下位に落ちた。関西のマスコミは気が早い。早々と解任報道があり、「わしは野球が好きなんや。野球をさせてくれよ」とぼやいた。

その後、チームは一時浮上し2位となったが、8月半ばから再び黒星が先行し出し、3位で迎えた8月26日のヤクルト戦（甲子園）で事件が起きた。

8回に3点を取られて交代した江本孟紀がベンチ裏で報道陣に対し、「ベンチがアホやから野球ができん」と言ったとして大騒動となり、そのまま引退してしまったのだ。

南海時代、野村兼任監督の下でシンキングベースボールの薫陶を受けた江本は、ブレイザー監督の就任で「これでやっと阪神は強くなる」と思っていた。それが中西の監督就任で昔に戻ったとイラつき、ついに爆発した形だった。

人気選手の突然の引退で中西に対する批判記事がさらに増えた。それでも中西は「私の不徳の致すところ」とだけ言い、言い訳はしなかった。

9月に入り、チームは再び調子を上げたが、独走する巨人の背中は遠かった。優勝は絶望的とあって関西メディアの中西たたきは強烈になる。

これは西鉄時代からだが、中西は「俺はもう何もしゃべらんぞ」「もう疲れたわい」「大阪に未練はない」などボソリ、ボソリとぼやくことがあった。タイミングがよく、とぼけた味もあるので、その場では記者たちも笑うのだが、翌日になると言葉が悪意で切り取られ、見出しになる。中西も「あんなことまで書くのか」と驚いたことも多かったという。

10月14日、退任会見。まず田中隆造オーナーが「監督から辞任の申し出を受け、これを認めました。私としては断腸の思いだった」と沈痛な表情で話し、これを聞いた中西は目を真っ赤にして、「私は個人的な理由によって、この日限りで3年間お世話になった阪神を去ることになりました。報いることができなかった者のために、このようなありがたい言葉をいただき……」と言ったあと、嗚咽《おえつ》した。

勝率・536の3位。2位・広島とは勝ち星が並び、引き分けの差で届かなかったが、5年ぶりのAクラスだ。のち1985年、吉田義男監督の下、日本一メンバーとなる真弓、岡田、掛布と多くのバッターが育ち、今も彼らは中西に深く感謝している。

友人である吉田は当時評論家として甲子園を訪れ、中西ともよく話していたが、世間話程度であまり踏み込んだ話はしなかったという。

「小津（正次郎）さんが社長でおられて、いろいろ今とは異なった時代でしたしね。江本がいろいろ言ったりして、監督としては苦労もされたと思います。当時は関西のマスコミも大変でしたからね。でも、そのあとは太さんも何もなかったんと違いますか。愚痴を聞いたこともないし、まったく気にしてなかったと私は思います。江本も若気の至りと反省していると思いますしね」

中西は当時を振り返り、「あのあと江本はタレントや政治家にもなったし、あれはあれでよかったんやないか」とだけ言っていた。

▼1982—1984（昭和57—59年）

## 幅の広さを感じた八重樫幸雄への指導

再び解説者を経て、1983年は武上四郎監督の下、ヤクルトにヘッド兼打撃コーチとして復帰。三原に報告すると「球界にしっかり恩返ししなさいよ」と言われた。

4月に50歳となったが、やることは変わらない。自ら打撃投手を務め、トスを上げ、大きな声で励まし、大きな声で褒める。八重樫幸雄、杉村らが、かつての若松、内田のように熱心に食らいつき、中西もまた同じようにともに汗を流した。

八重樫の成長は中西の打撃コーチとしての幅を感じさせるものだった。大矢明彦の存在もあり、長く控え捕手となっていたが、大矢の衰えで出場機会を増やしていた時期だ。

打撃力不足が課題と言われたが、見慣れぬ新フォームで覚醒する。

「最初のころはスタンドのファンの失笑を誘ったばかりか、ネット裏の評論家まで『あんなフォームで打てるわけがない』と酷評したものだったが、あのフォームは私のアイデア、指示によるものだった。

八重樫君の両足は大相撲の力士のように太い。腰回りも太く、巨体だ。バットにまともに当たれば打球は飛ぶ。しかしヒザが硬い。逃げていく外角のスライダーやカーブに対して早くに体が左方向に開いてしまいがちだった（八重樫は右打者）。そうすると、どうしても外角球が遠くなり、ポイントが不安定になっていた」

中西は「ならば最初から体を開いてオープンスタンスで構えてみたらどうか」とアドバイスした。体を開いておいて、打つときにスクエアに持っていけば、体が開かず外角球をとらえることができるという考え方だ。

八重樫は、この新打法に必死に取り組み、翌1984年に初の規定打席到達、1985年には打率3割（・304）をマークすることになる。

若松との二人三脚も続いていた。2人による試合前のティーバッティングは定番だ。1975年、阪神から大洋に移籍した捕手の辻恭彦は、神宮の三塁側ベンチでよく2人に見とれたという。

「僕が阪神時代も大洋時代も2人はずっとやっていましたね。どんどんテンポよく投げ、時々タイミングを変える。中西さんが『よし！　よし！』と言いながらです。あるとき、ずっとインコースばかり打っていたことがあって、嫌な予感はしたけど、試合で平松（政次。大洋のエース）にインコースを投げさせたらカンといかれたことがあります。それまでは平松がきっちり内角に投げたら若松は打てんかったんですけどね」

辻は阪神の控え捕手としてくすぶっていたとき、西鉄の兼任監督だった中西から「うちに来ないか。球団には話をしとくから」と言われたことがあった。ベテランとなった和田博実捕手の後釜探しをしていた時期で、辻の打撃を見てセンスありと思ったのだろう。

結局、阪神サイドがうんと言わず、話は立ち消えとなった。

「行ったらもう少し試合に出れたかもしれんけど、こんなに長く現役はできなかったかもしれない（実働22年）。九州は遠いしね。行ったほうがよかったか、行かなくてよかったか。それはさっぱり分かりません」

ダンプと言われた名捕手は、いつものようにひょうひょうと話した。

1984年、ドラフト外で入団してきた選手との出会いもあった。キャンプではほかの誰よりも中西の言葉を熱心に聞き、練習では必死に食らいついてきた無名の新人、のちの日本ハム、そして第5回WBC日本代表監督となる栗山英樹である。

「僕はテスト生で入った人間ですが、ドラフト1位で入った選手と同じように接してくれました。プロの世界では、これが難しいことなんです。中西さんは僕みたいなダメな人間にも愛情を注いでくれ、すべての選手をなんとかしようとしてくれた指導者です」

先入観なく、その選手と向き合えるということだろう。

栗山は、こうも話している。

「中西さんが小川（淳司）さん（現ヤクルトGM）によくティーを上げられていた。そうすると、小川さんをなんとかしようという熱い思いから、中西さんがどんどん小川さんに近づいていくんですよ。危ない、これ絶対ぶつかるよなと思ったら、中西さんの手を小川さんがパチンと打った。それでもまったくひるまない。よし、いいぞ、来い！って。

そのとき思ったのは、人が育つというのは愛情しかないんだってことです。勉強では知っていましたよ。頭のなかでは、そういう情熱が大事だってことは分かっていた。でも、プロ野球の伝説の選手だった中西さんがここまでやるんだという。それが僕の原点にあるんです」

しかし、2人のドラマは本格的なスタートを切る前に終わる。

同年途中、成績不振で武上監督が休養。やむなく再び監督代行となった中西だが、5月24日、18試合を指揮しただけで健康上の理由から退団してしまった。

実際には早実から入団した人気者、高卒2年目の荒木大輔の起用についての確執からだった。話題づくりのためにもどんどん一軍で使ってくれという球団の指示に対し、「まだ早い。焦っても本人のためにならん」と拒否。それが通らなかったことで、すぱっと辞めた。球団は慰留したようだが、翻意はしなかった。

こうと決めたら変えぬ頑固さもまた、中西らしさである。

栗山はその後、俊足外野手として1986年にブレーク。1989年にはゴールデン・グラブ賞にも輝いている。中西は「足が速い、いい選手だったね。打者としては若松君のようなタイプで若松君より器用だった」と言っていた。しかしメニエール病のため、1990年限りで引退。まだ29歳だった。

中西がそのとき栗山を叱った話は、最後に栗山自身の言葉で触れている。

▼1985—1990年（昭和60年—平成2年）

## 盟友・仰木彬との名コンビ誕生

翌1985年から中西は再び単身赴任で近鉄のコーチとなった。監督は現役時代のライバルである南海出身の岡本伊三美だったが、近鉄は前年の1984年に亡くなった三原が指揮を執っていた時代があり、1982年から2年間は西鉄時代の先輩・関口清治が監督を務め、後輩で部屋子でもあった仰木彬がずっとコーチでいた。

仰木は中西と同じ1969年限りで西鉄のコーチを退任し、翌1970年、三原が監督をしていた近鉄のコーチとなった。三原監督の退任時には、「自分も辞めます」と言ったが、三原に「甘えるな。一人の監督の下でしかコーチをできないなんてコーチ失格だ」と諭されたという。結果的には、西本幸雄をはじめ、また違ったタイプの指揮官の下でも経験を積み、指導者としての幅を広げることになる。

1988年、仰木が監督に昇格。中西は西鉄時代に監督、コーチの関係だった後輩の下に就く形となったが、やりにくさはまったくなかったという。

「そんなの気にしたこともない。チームが世代交代の時期だったし、仰木君と一緒に情熱を持って選手に教えた。真摯《しんし》な気持ちで汗をかいて、恥をかいて、一生懸命やった。それが選手にも伝わる。今思うと、近鉄時代はほんと楽しかったね」

試合中もそうだ。重責もあって、本来の自分を表に出さず抑え込んでいた監督時代とは違う。喜怒哀楽を表に出し、選手とともに試合にのめり込んで熱くなった。

仰木監督とのコンビもまた絶妙だった。互いのことを知り尽くし、ウマが合ったこともあるが、穏やかな風貌ながら芯が強く、三原と同じく時に冷徹な判断もした仰木監督に対し、中西は豪傑ながら優しさと繊細さを秘め、選手に寄り添った。両極端は大げさかもしれないが、まったく違う個性を持ち、さらに仰木が年下だったからこそ出来上がった名コンビと言えるだろう。

選手に対してだけではない。中西の気配りは仰木監督にも向けられた。

就任当時の仰木監督は、試合中、厳しい言葉を掛け、選手を萎縮させてしまうこともあった。それをカバーしたのが中西だ。例えば凡打して選手がうなだれてベンチに戻る。顔色が変わった仰木監督が口を開く前に中西が大きな声を出す。

「おお、いいスイングだ。次だ、次!」

下を向いていた選手が顔を上げる。言葉だけじゃない。そこには勇気をもらえる中西の笑顔がある。それを見て、仰木監督も冷静さを取り戻した。

「仰木君だって近鉄の監督になった最初のころは人前でしゃべれなかったんだ。それで球場からの帰りに、毎日、三原さんのノートを見せて、こういうときは、こういうことを話したほうがいいんじゃないかって話をした。でも不思議なことに成功すると変わるんだ。選手と同じよ。いつの間にか彼もテレビ朝日で女性アナウンサー（小宮悦子さん）と長いことしゃべる余裕ができた（笑）」

1988、89年に近鉄の投手コーチだった権藤博は、「雨で練習ができず、やんだら練習再開と言われて待機になったとき、私はこういう性格なので、それなら最初から休みにしたほうがいいと仰木さんに文句を言いに行った。そしたら、そんな短い間なのに、仰木さんは麻雀をしていて、一緒にやっていた中西さんが『そうだ、そうだ』と言って仰木さんが苦笑いしていたことがあります。中西さんの指導の仕方は今で言う、選手ファーストでしたね。欠点を責めるのではなく、うまく乗せて長所を伸ばすタイプでした」と話した。

少しあとのインタビューになるが、1996年、オリックスがリーグ連覇、さらに巨人を破っての日本一を飾ったあと、西鉄時代の先輩・豊田泰光との対談で、仰木監督はこう語っている。

「中西さんとは以心伝心でね。私が何も言わなくても選手との間に入ってすべてをフォローしてくれる。中西さんがチーム内の風通しをよくするための非常に大きなパイプでもあるわけです。本当に優しいですからね。愛情深いというか、そういう人だと思いますよ。ですから今のチームができたと言えます。

中西さんは選手の教え方とタイミング、そのツボを心得ているんですよ。選手のレベルに下りてきて話も聞くし、フォローもする。そのやり方というか、方法が実にうまいですね。大先輩には失礼ですが、私にはなくてはならん存在、一緒にやってもらわなければならない人です」

**新井宏昌の証言「中西さんは即座に見抜いた」**

近鉄で中西が出会った選手の一人が新井宏昌だ。近鉄移籍は1986年で、南海時代から左打ちの安打製造機として鳴らし、打率3割を3回マークしていたベテランの好打者だった。

しかし、実は移籍時、大きな壁にぶち当たっていた。

「年を取ると頭は賢くなってくるんですよ。それで相手バッテリーの攻めが読めてくる。

そこを打とうとしているんですが、自分の形が悪く打ち損じていました。こういう球を投げてくるという予測が合っているのにミスショットしていました」

不振の理由を即座に見抜いたのが中西だった。

「少しオープンに構えてみないかと。実際、そのとき僕は少しクローズにしていたんですよ。体をひねって力を出そうとしていた。練習ではそれでもできるのですが、ゲームでは球が違います。体が開いてしまいがちで、早くほどけてしまうから、崩されたり引っ掛けたりがあった。例えば、真ん中やや外めでも肩が入っているので、近めの球に感じるんですよね。それで、ついついライトに打とうとする動きになるのですが、実際には外めの球なので、こすったり、引っ掛けたりになっていました」

打撃改造は南海時代、四番を打っていた門田博光から「お前も外野手なんだから、もっとホームランを打たないとダメだよ」と言われたことがきっかけだった。そこから自分なりに工夫し、力強く遠くにと考えてだった。

「でも、自分で力を出そうとし過ぎた。若い時代はそれに近い感覚でも打てたので、できるだろうと思ってしまったんです」

中西はただ修正しようとしたわけではなく、新井の思惑を汲んだうえで、「相手の球の力を利用したらどうだ。ポイントさえよければ強い反発をする。自ら力を出す必要はないよ」と言った。

しかし、前述のとおり、新井には十分な実績があった。このまま自分のやり方で、と思っても不思議ではない。

素直に指導を受け入れたのは、新井自身、答えが見つからず悩んでいたことを中西が的確に見抜いた驚き、「あとはトレードで来たじゃないですか。ダメなら終わりですよね。年齢も34歳の年でしたし、開き直ってやってみようと思いました」と振り返る。

中西の教えは具体的で分かりやすかった。

「少しオープンのような形にしてボールの見方を練習してみようと言われました。それまで目線がショートに向いていたのですが、それをセカンドに向けようと。これですごくボールが見やすくなりました。あとアウトコースはボールのお尻を逆方向にたたいてやれと言われました。逆方向ではあるんですが、よく言われる流し打ちじゃないんですよ。ポイントまで呼び込んでボールの内側をしっかり打つ。ここから90度をすべて使ったヒットが自然に出るようになりました」

若松、真弓への指導とは似ているようで違う。新井の長所である巧みなバットコントロールを生かそうと思ったのだろう。

セーフティーバントの指導も受けた。もともと南海の若手時代、コーチだったブレイザーに教えられた技術だが、左打者らしく一塁方向に左足を踏み出してバントをし、そのまま走るというものだった。はまれば成功の確率が高いが、外側に逃げる球をうまく処理できないことがあった。

「中西さんは、十分間に合うから、いいバントをしてから走ろうとおっしゃった。それで左足をベース方向に踏み込んで並行にしてからバントをするようにし、結果的にセーフティーバントでのヒットも増えました」

中西が新井とやったことはこれまでと同じだ。早出練習でトスを上げ、自ら打撃投手を務め、ともに汗を流す。

「ティーのときはトスを上げながらフォームを見られて、『外めの球は逆方向に』と口酸っぱく言われました。アウトコースをしっかり打てるようになればインサイドは回転すればいいからって。そこでは『それでいい』『もう少しこうだ』とアドバイスをいただき、バッティングボールを投げているときはコースなりにしっかり打ち返しているか見るという感じでした。『よし、そのポイントでいい』とかですね」

「怒られたことは？」と尋ねると、きっぱり言った。

「ないですね。僕だけではなく、選手には、ほんと怒らなかったと思います」

新井は翌1987年、打率・366で初の首位打者に輝く。シーズン184安打は130試合制の最多安打記録だったが、のち1994年、自身の愛弟子でもあるオリックス時代のイチローに抜かれている。

結果を出し、新井がメディアにも中西への感謝を口にしたことで、記者たちは当然、中西にもマイクを向けた。

そのとき中西は「自分が教えた」「自分が変えた」とは一切言わず、「いろいろなことを受け入れて結果を出した新井君が素晴らしかった」とだけ言った。

「あらためてすごい方だと思ったし、うれしかったです」

ゆっくり理路整然と話していた新井だが、このときは言葉に少し熱がこもった。

**ブライアントの証言「中西さんはすべてを変えようとはしない」**

仰木近鉄初年度1988年途中、主軸のリチャード・デービスが大麻所持で逮捕され、退団。急きょ代わりに獲った外国人選手が中日のラルフ・ブライアントだった。この年、中日に入団も外国人枠の問題で二軍にいたが、一軍に上がれば十分やっていけるという情報があった選手だ。

中日出身の権藤コーチが古巣と話をつなぎ、仰木監督と中西でウエスタンのゲームを視察。極端なアッパースイングで粗さはあったが、その長打力は魅力だった。

中西は仰木監督に「獲れ。わしが直す」と言った。

「力任せで三振の多い選手だったが、わしは日本で活躍するにはバットコントロールが大事という話をし、細いバットを使ってシャープなスイングの練習をさせたり、ティーバッティングでもいろいろな角度から速い球、遅い球を投げた。長いときは40分くらいかな。トスを上げていると、それが会話になるんや。正面近くからも投げるから、打球が体や顔に当たったこともしょっちゅう。でも、それで信頼が生まれる。大変だったと思うが、日本で活躍しようというハングリーさがあったからよう頑張ったよ。よくあいつに『辛抱じゃ』と日本語で言っていたら、あとで成功の秘訣を聞かれ、『シンボウ』と答えたらしいね」

中西は、ブライアントが打撃練習でオーバーフェンスをすると「マネー！」と叫んだ。「試合でもオーバーフェンスをすればおカネになるぞ」ということだ。これも得意のベースボールイングリッシュである。

「シーズンに入って、あいつが弱点を突かれて悩んでいたとき、わしはそんなこと気にするなと言った。『お前には一発がある。ピッチャーはそれを怖がっているんや。なのに三振を怖がってスイングが小さくなっても仕方がないじゃろ』ってな」

ブライアントは言う。

「中西さんは選手のすべてを変えようとはしない。その選手の欠点だけを指摘してくれる。僕の場合は右肩が開かないことと、アッパースイングにならないことを心掛けるように言われた。中西さんはエネルギーにあふれていた。大きな声でもり立ててるから、近くにいるとすぐ分かるんだ」

ブライアントは途中入団の1988年から大活躍。近鉄もまた快進撃を見せ、最後、伝説の「10・19」で力尽きたが、優勝にあと一歩まで迫った。

日本中を熱狂させた川崎球場でのロッテ戦ダブルヘッダー。ベンチで選手とともに喜怒哀楽を見せ、タイムリーで生還した鈴木貴久と抱き合ってグラウンドを転げ回った中西の姿は、今も近鉄ファンだけでなく、多くの野球ファンの記憶に残っているはずだ。

翌1989年には10月12日、大一番の西武戦ダブルヘッダー(西武)でのブライアントの4連発(4打数連続本塁打)もあって近鉄はリーグ優勝。2年がかりの劇的なドラマを完結させた。

ほかにも金村義明、村上隆行、大島公一ら中西との出会いで大きく成長した近鉄の選手は数多い。不思議なのは、近鉄時代だけではなく、ヤクルト時代、阪神時代、少しあとで書いていくオリックス時代もそうだが、同時期にいた複数の選手たちが中西とのマンツーマンの思い出を語っていることだ。

いくら熱心でも体は一つ。どうやっていたのか。

「一人ひとりとしっかり向き合っていたこともあるし、いつも全体を見ていた。それで、要所で声を掛ける。だから『あの人はいつも自分を見ているんだ』になる。逆に選手も見ているよな。わしがティーバッティングでボールを体に当てたり、選手と一緒に汗をかき、泥にまみれてやっているのを。だから偉そうなことは言う必要はないんや。そうやって一生懸命やっていけば、ああ、この人は言葉だけじゃないとなるしね」

さらに言えば、トスの上げ方、アドバイスはすべてその選手に合わせて行い、情熱は分け隔てなく、常に全身全霊だった。

仰木監督は中西に守備面の統括も託した。長所を褒めて伸ばす打撃指導とは違い、「わしは守備は細かいんじゃ」と言ってニヤリとした。

「真喜志（康永）をショートでカットマンに育て、捕手は梨田（昌孝）がいたところで、若い山下（和彦）、古久保（健二）、光山（英和）、サードには金村を入れたりした。魅力的な、いいチームができたと思うよ」

近鉄時代、オリックス時代を語るときの中西は、いつも頬が緩んでいた。

元気そうに振る舞ってはいたが、持病のぜんそくに苦しめられることもあった。単身赴任での健康面の不安もあり、優勝を飾った翌年、１９９０年限りで退団となっている。

「近鉄はもともと３年と思っていた。６年はもう、仰木君に頼まれたから辞めるに辞められんかっただけさ」

近鉄時代で、中西のコーチとしての手腕への評価はさらに高くなった。

### ▼１９９１―１９９４年（平成3―6年）

### デーブ大久保の証言「ボールの見方だけを言われた」

体調面もあってしばらく休みたいと思っていたが、周りが放っておかない。１９９１年途中から巨人の臨時打撃コーチ、1992年からは正式にコーチとなった。高松一高時代に対戦し、日本シリーズでも名勝負を繰り広げた藤田元司監督からの誘いだった。

中西からいつも名前ではなく「おい、広報！」と呼ばれていたのが香坂英典だ。中大から投手として巨人に入団し、選手としては大成できなかったが、先乗りスコアラーを経て、1992年から現場広報になった。清原和博、松井秀喜をはじめ、多くの選手から信頼された男だ。

香坂の広報初仕事とも言えるのが、同年年明けのスタッフミーティングだったが、ここで前年1991年にドラフト1位で入団していた元木大介を一軍のグアム春季キャンプに参加させるかどうかで藤田監督と中西が激論となった。

藤田監督は「連れて行こう」と言うのだが、中西は「まだ二軍で鍛えるべき」と一歩も引かない。プロ2年目を迎えるホープではあったが、1990年の1年間の浪人生活もあり、一軍キャンプはまだ早いと思ったのだろう。互いに言葉がどんどん激しくなり、なかばケンカ腰となった。ヤクルト退団時の荒木をめぐるトラブルにも似ている。

「すべての年のコーチミーティングを見てきたわけではありませんが、僕が知るなかでは、あんな激しい会議は最初で最後です。中西さんの絶対に引かない信念を感じました」

2人は仲が悪かったわけではない。むしろ逆だ。ふだんは2人だけで長く話し込んでいることも多かった。

同年、香坂は多摩川の練習で2人が話している言葉をたまたま耳にしたことがある。ある選手の打撃練習を見ながら、「こいつのバッティングはすごい」と口をそろえて絶賛していた。それがデーブ大久保こと大久保博元だ。ドラフト1位で1985年に西武に入ったキャッチャーだが、正捕手・伊東勤の存在もあってなかなかチャンスに恵まれず、この年途中、巨人に移籍したばかりだった。

大久保にも中西の思い出を尋ねた。

「西武時代、周りからは同じライオンズで、しかも体格が中西さんに似ているということから中西2世と言われたこともありますが、打力も走力も実力自体もまったく違うので、本当に恐れ多いという思いしかなかったですね」

太めの体型から西武時代は常に体重を落とせと言われ続け、それが強いストレスになっていた大久保だが、巨人でまず中西に掛けられた言葉が印象に残る。

「太っていてもええんじゃ、どんどん食べろと言ってくれた。プロに入ってそう言ってくれたのは中西さんと藤田さんだけです」

打撃に関しては、『ボールを見て打てばいいんや』『しっかりボールを見ろ』とだけ言われた。八重樫、新井への指導とも重なるが、大久保に対してはスタンスや外のとらえ方まではなく、目線だけのアドバイスだった。

「そのためには投手に両目を正対させることが大事だと説かれていました。実際、僕はそれまで外のスライダーが見えなくなることがあったんですよ。

両目を正対させるには、打席に立ったときに、『最初にショートのほうに胸と両目を向けてそっちを見る（大久保は右打者）。それからピッチャーを見れば、両目でボールがしっかり見られるようになるよ』と言われました。よく『最初から片目だけでボールを見てしまったら小学生のボールでも打てんよ』と言われていたことを覚えています。僕の打撃指導の根幹になっているのが、中西さんのこの理論と土井（正博）さん（西武時代のコーチ）の理論なんです。

本当に熱血漢で、指導の熱量がすごかった。ティーバッティングをしていると、中西さんの体がドンドン僕のほうに近づいてきて、トスを上げる右手がバットに当たりそうになるんですよ。『いいぞお！　いいぞお！』って言いながらね。それもすごく思い出に残っています。

現役引退後は、球場でお会いするときにごあいさつをするくらいでしたが、いつもスーツをカッコよく着こなしていて『よお、元気か！』と言っていただいていました。本当にダンディーな方でしたね」

大久保は同年、巨人の強打の捕手として脚光を浴び、引退後も複数球団でコーチ、さらに東北楽天ゴールデンイーグルスでは監督にもなっている。

２０１０年、中西と、当時やはり「中西２世」とも呼ばれていた西武・中村剛也と対談してもらったとき、「わしの孫弟子のようなもんだから」と言い、「君はデーブに教わっているから分かっとるじゃろうが」と何度も言っていた（中村は大久保が西武の打撃コーチ時代にブレーク）。

自分の教えが次の世代に継承されているのがうれしかったのだろう。このとき中村に、「無理して痩せることはいかんぞ。食事を控えたら気力、体力がしぼんでいくからな。ホームランを打っているうちは好きなだけ食えばいいよ」とも言っていた。

巨人は藤田監督の退任とともに１９９２年限りで退団。短期間ではあったが、中西に心酔した選手は多い。その一人、原辰徳は、巨人監督時代、キャンプの臨時コーチにも招き、中西が亡くなったときには「野球博士で人生の師でもあり、僕の今までの人生においても非常に影響を与えてくれたお一人ですね」と悼んだ。中西もよく「原君」と名前を挙げ、「キャンプの時期になると、宮崎からキンカンを送ってくれるんや」と、うれしそうに話していたことがある。

1994年にはロッテのヘッドコーチに就任。8月からは成績不振で八木沢荘六監督が休養したあと、またも代行監督となったが、翌年は契約をせず、退団となっている。

▼1995—1997年(平成7—9年)

## 仰木彬監督からのラブコール、近鉄の物語をもう一度……

仰木は近鉄監督を退任したあと、1994年からオリックスの監督になったが、1年目を終え、「また助けてもらえないでしょうか」と中西に連絡してきた。

「あの年(1994年)のオリックスはイチローの活躍はあったが(当時のシーズン新記録210安打を達成)、優勝はできなかった(2位)。仰木君も次はなんとしても優勝と思っていたんだろうね。おそらく近鉄のときの物語を、と思ったんだろう。わしも年やし、もうええやろと一度断ったんだが、なんとかやってほしいと。結局、オリックスでは全体を見てほしいと言われ、ヘッドコーチになった。

ただ、ちょうどでっかいポリープが大腸に見つかって、1月12日に神戸で予定していたスタッフ会議には出ず、手術をして、しばらく休んどった。本当は予約がいっぱいで手術は後回しにするはずだったが、あの大投手の金田正一さん（国鉄―巨人の400勝投手）がキャンセルしたらしいよ。

そしたら17日にあの（阪神・淡路）大震災や。行っていたらどうなったのかな」

大混乱のなか、1月の球団行事は一切なくなり、2月の沖縄・宮古島の春季キャンプが初合流となった。

そこで驚いたのが、イチロー人気のすさまじさだ。

「彼目当てのファンがたくさんいて、キャンプから担当者がついて別行動だった。仰木君とわしは、ホテルから半ズボンで球場に向かって、警備員に止められていたのにな（笑）。その子も監督とヘッドコーチと聞いてびっくりしてたよ。

当時のイチローは、まだまだ子どもだったが、いろいろな指導者との出会いもあって、振り子打法という自分のスイングが出来上がり、相当な自信もあった。シャープな日本刀で斬るようなスイングだったね。低めを拾うように打つのがうまかったが、高めが弱点ではあった。

彼は少し体が硬いが、悪いことだけではなく、それでスイングの際の中心線が崩れない。柔らかく体を使いたいということでケアもしていた。トレーニングのあと、だいたいの選手はシャワーだけだが、一人で風呂にゆっくり入って、出たら入念にストレッチをしていたからな。大したものだと思って黙って見ていたよ。

わしはイチローのバッティングに対し、ああしろこうしろと言ったことは一度もない。守備は言ったよ。動き、肩はいいけど、時々、送球がシュート回転になったり、ばらけた。ホームにノーバウンドと思うと、なおさらそうなるんだ。だから練習では返球をカットマンに正確に投げるようにうるさく言った。いいコースにいい球が来たら、カットマンがスルーすればいいんだしね。1球でやめさせたこともある。練習で何度投げても悪い形では仕方がないし、いい球が来たら来たで、それでよし！　と。打撃も同じだよ」

**再び新井宏昌の証言「手柄は人にあげ、自分は取ろうとはしない方だった」**

イチローの打撃に何も言わなかった理由を尋ねると、「新井君がいたからな」と言った。

当時のオリックスでは近鉄時代の教え子・新井宏昌が打撃コーチとしてイチローを指導していた。

再び新井に登場いただく。

「中西さんは横入りしないというのでしょうか。手柄は人にあげても、自分が取ろうというのは一切されない方でした。僕がイチローを指導していたわけですが、中西さんだって、言いたいこと、教えたいことがあったかもしれません。でも、私に対してもイチローに対しても、ああしろこうしろと一切言われたことはありません。お前がイチローとペアでやるんだぞとだけ言っていただきました。

近鉄時代と同じですが、オリックスでも中西さんが選手に対し怒った姿は一度も見ていません。うまくいかなかった選手にも『よしよし、次はいけるぞ』と優しく声を掛けていました。打撃は打てて3割だから打てたことを褒めるとおっしゃっていた。僕も横でなぐさめるシーンを見ていましたし、素晴らしいなと思いましたが、尊敬するばかりで、自分にはできないことでした。僕は、もっと直してほしいところがあれば指摘して直させようと思いましたし、選手が意識してやっていないときには、『もっとやるように』という言い方もしましたから」

新井も中西同様、複数球団で打撃指導にあたり、多くの選手を育てている名打撃コーチだが、2013年、広島の打撃コーチになった際、松田元オーナーに言われた言葉が今も印象に残っているという。

「カープには僕と内田（順三）さんという中西さんが師匠のコーチがいました。僕も内田さんも当然、中西さんの教えがベースにあります。ただ、松田オーナーとお話しさせていただいたとき、『同じ師匠なんですよ』と言ったら、『言葉の使い方で伝わり方が違うので』とおっしゃられたんです。確かに僕は中西さんから技術を学び、そばで指導を見させていただいて勉強し、それが基本としてありますが、選手に掛ける言葉は中西さんとは違います。選手には体の大きさ、強さ、クセなどそれぞれにありますから、自分がそれを見て感じ、その人にいいだろうと思う言葉を使います。そこに指導力、個性が出て、差になるのだと思います」

中西の教えは、教え子たちの感覚や経験を通して無限に枝分かれしながら今も広がっている。もちろん、根底にある情熱を受け継ぎながらずっと。

1995年、オリックスは「がんばろうKOBE」を掲げ、震災で大きな被害を受けた神戸市民と一体になって阪急時代の1984年以来の優勝、さらに翌1996年には連覇とともにオリックス初の日本一にも輝いた。

中西がやっていたことは近鉄、いやヤクルト時代から変わらない。練習では選手と一緒に体を動かし、汗を流し、「よし、そうだ」と声を掛ける。試合になれば、選手と一緒に前のめりになって戦い、大きな声で「よし、いいぞ」と励ます。

「教え方もずっと同じだよ。細いバットを使ってシャープなスイングをさせたり、いろいろな形でトスを上げたり。体が小さくても内転筋を使ったスイングができていれば球は飛ぶんだ。あの小柄な馬場（敏史）君がグリーンスタジアム神戸のバックスクリーンにぶつけたこともあるくらいだからな。

これまでの蓄積もあって、オリックス時代は、どういうバッターにどういう指導をすればいいかが今まで以上に分かった。わしの指導者人生の集大成と言っていいのかもしれんね。オリックスでは優勝も日本一もできたし、わしも楽しかった」

**田口壮の証言「太さんにはだい〜ぶ励まされました」**

オリックスはわずか3年、1997年限りで退団した。甲状腺のがんが見つかったからだ。退団時、「病気については選手には言わんかったが、田口君だけはどうやって調べたか連絡をくれた」と話していた。

田口壮は関学大からドラフト1位で1992年にオリックスに入団した。当初はショートだったが、スローイングに難があり、仰木監督に言われ、1994年途中、外野に転向。中西のコーチ就任はプロ4年目となる。

2024年はオリックスの外野守備・走塁コーチ。話を聞いたのは、同年2月20日、オリックスの春季キャンプ地である宮崎市内の宿舎だった。

このとき清武のオリックスキャンプに連日大勢のファンが訪れ、ニュースになっていた。宮崎市内のキャンプの観客動員と言えば、かつては巨人の一強だった。近年はソフトバンクがそれをしのぐ勢いとなっているが、オリックスは長く後塵を拝していた。それが3連覇の実績とともに、若く魅力的なスターが次々登場していることで一気に活性化したのだろう。

1995、96年の連覇時もイチロー、田口らの台頭で、宮古島キャンプが同様の状況にあったが、「いえいえ、今のほうがずっとすごいですよ。宮崎のほうが交通の便がいいこともありますけどね」とニコリ。日に焼けた顔と大きな目、田口スマイルは選手時代と変わらない。

まずは中西のがんをどうやって知ったのかを尋ねると、「隠していたのかもしれませんが、もちろん、仰木監督は知っていたでしょうし、僕だけじゃなく、なんとなく知っていた選手はいたと思います」と答えた。

「僕は宮古島のキャンプで中西さんと初めてお会いしました。中西さんの肩書はヘッドコーチでしたが、バッティングを見ていただき、第一印象は自由にやらせてくれるなということですね。自分の思っていることをやらせていただいて、そのなかで、しっかり振りなさい、練習量を増やしなさいと言っていただきました」

中西の打撃指導で面白いなと思ったのは、「とにかく引っ張れ」と言われたことだった。これもまた、中西がほかの教え子たちに掛けた言葉とは少し違う。

「普通は逆方向からというコーチが多いんですが、中西さんは、『バッティングをつくり上げるには引っ張らなくてはならない。逆方向へはコツンでいいんだ』と言われました。いつも大きな声で『一気にしっかり振りなさい』『バンと振れ』と言っていましたね。言葉だけじゃありません。ティーを15分から20分したあと、ケージで20分、30分、自ら、これを打ちなさいと緩～い球を投げてくれる（笑）。60歳は超えていたと思いますが、ほんとお元気でした（62歳の年）」

前年の1994年にレギュラーの一角をつかみ、打率・307をマークしていた田口だが、まだまだ自分の打撃を確立していたわけではなく「ふらふらしていた」と振り返る。オリックスには外野のライバルはたくさんいた。せっかくつかみかけたチャンスを逃したくないという思いは強く、中西のエネルギッシュな指導に必死に食らいついた。

「キャンプだけでなく、試合日の練習前の早出でもずっとです。真夏の神戸のグラウンドでも『やるぞ！』と汗だくで投げていただいた。『今のうちにやっておけ』とよく言われました。中西さんだって疲れているはずなのに、ゲームに入ったら入ったで大きな声で励ましてくれるんですよ。もう感謝しかないですね」

1995年は初めて規定打席に到達したシーズンでもある。

「まだ1年間を通して戦ったことがなかったので、どうしていいか分からないところがありました。太さんに、だい〜ぶ励まされましたね。技術面というより、どうしても途中でへばってくるんですよ。結果も出なくなるし。しかも、あの年、夏に脇腹を痛めてテーピングで固めて1カ月やっていました。めちゃくちゃ痛くて……。今なら肉離れと診断されると思うんですけど、休みたくないんで隠してやっていました」

田口も怒られたことは一度もなかったという。

「練習では『よし、いいぞ』といつも言っていただいたし、試合で打ち取られても、いい当たりならOK、バッティング内容がよかったらOKと言ってくれました。結果はあとからついてくる、と言っていただき、すごく励みになりましたね」

心に残った言葉が「何苦楚」だ。

「何苦楚と思って歯を食いしばっていくんだ、今は苦しんだほうがいい、今の苦労は将来の礎を築くためにやっているんだよという話は、最初のころからしていただきました」

田口はこの言葉をずっと大切にし、2002年からのメジャー挑戦時にも心の支えにした。2001年にシアトル・マリナーズに移籍し、いきなり首位打者に輝いたイチローとは違い、マイナー生活も経験しながらの波乱万丈の日々だった。

それでも、まさに何苦楚の心でレギュラーの座をつかみ、8年間のメジャー生活のなかで2つのチャンピオンリングを手にしている。現役時代から『何苦楚日記』と題したブログを執筆。さらに同名の書籍も出しており、何苦楚を世に広めた功労者? の一人と言っていいだろう。

「面白いもので、今は息子（アメリカに野球留学中）まで何苦楚と言ってます（笑）」

ここでも絆がつながっている。

田口は毎年正月、中西家にクッキーを贈るのが恒例になっていた。

「届くと中西さんから電話が掛かってきて、おお、元気かあ、と言っていただき、そのあと少し話をする。それが新年の行事のようなものでした。具合が悪いのも知らず、昨年（2023年）も電話で同じように話しました。少し元気なかったですけど、まさか、こんなに早く……。妻（恵美子さん）もアナウンサー時代にお世話になっていたんで、会いに行っておけばよかったたって2人で言っています」

コーチとなった今、中西の影響は？　と聞くと、

「たくさんありますよ。太さんの懐の深さ、純粋さ、真っすぐさ。ああいうふうにありたいなといつも思います。僕も太さんのようにずっと選手と一緒に汗をかきたいな、と思っています。肩を痛めちゃって太さんのように投げられませんが、それはいつも思っていることです」

中西は教え子たちにいつも「君」をつけ、違う時代の話をしていても「××君もそうじゃった」と、しばしば例に挙げた（イチロー、デーブといったカタカナの選手と、あとは

なぜか近鉄時代の教え子には君をつけなかった選手が多い)。そのなかで登場回数が多かった一人が、「田口君」だった。

「だとしたらうれしいですね。僕より素晴らしい教え子の方はいくらでもいますが、僕は優等生だったかもしれません。体力だけはあったんで、毎日食らいついていきましたから」

はにかむような笑顔を見せた。

何苦楚以外で言われた印象的な言葉を尋ねると、少し迷った。

「何苦楚以外なら、う〜ん……。『大丈夫だ』ですかね。アウトになって帰ってきても大丈夫だ、でした。当たりは悪くない。大丈夫だ。次、頑張れと。僕はヒットでも凡打でも、打って終わったら、太さんのところに行って聞くことが多かったんです」

中西が細かく書き込んだノートを見ながら話すことも多かった。

「凡打をしても、『この打席も、この打席も内容はよかったんだ、見てみい。だから、いつかヒットになるはずだ』って」

中西のノートには選手全員の全打席の結果が書いてあった。

「いい打席には◎が書いてありました」

そう言って笑った。中西の笑顔と重なった。

# 第5章

# 生涯野球人

## 再び始まったヤクルトでの指導と最後の愛弟子

甲状腺がんが発覚したときはかなり落ち込み、本格的な治療の前から激痩せした。敏子夫人によれば「遺書のようなものまで書いていました」という。

「あのころは、がんと言ったらすぐ死ぬと思ったからね。実際、2、3年声があまり出なくてカラオケもできなかったんだ。でも、そのあと結構、もっとるじゃろ（笑）。仰木君、稲尾君には『中西さんは、いつも死ぬ、死ぬ言うて全然死なん』って笑われたよ」

以後は、もともと付き合い程度だった酒を完全にやめ、健康管理にさらに気をつけるようになった。

ただ、元気になれば野球の虫が騒ぎ出すし、何より教え子たちが黙っていない。オリックス退団後、正式にコーチとなったことはないが、キャンプの臨時コーチに招かれるなど、再び〝お遍路〟が始まった。

アドバイザーとなったのはヤクルトだ。1999年、野村克也監督退任後に若松勉がヤクルトの監督になったとき、「やってくれと頼まれて、契約も何もせんけど、手伝うことにした」と言う。

「(ロベルト・) ペタジーニ、(アレックス・) ラミレス、宮本 (慎也) 君……、あのインドアでいろんな話をしたよ」

もちろん、言葉だけではない。すでに60代後半、しかも大病のあとながら、以前と変わらず、トスを上げ、打撃投手を務め、選手とともに汗を流した。

そのなかの一人が20歳の岩村明憲だった。ドラフト2位で1997年に入団し、のちメジャー・リーグでも活躍したスラッガーである。

2014年限りでヤクルトを退団後、独立リーグの福島ホープスに選手兼監督として入団。2017年限りで選手を引退し、監督専任となったが、2018年オフ、当時の運営会社の経営陣の失敗により、新たな運営会社を立ち上げ、代表になった。その際、球団名に自らの大好きな色、赤を入れ、「福島レッドホープス」としている。

福島県郡山市の球団事務所を訪ねたのは2024年2月16日だった。晴天ではあったが、風はまだかなり冷たかった。

## 岩村明憲の証言「お前のバッティングを教えてくれ、と」

「最初に会ったとき、すでにウワサを聞いていたのか、『おお、お前か。生きのいいやつは』と笑顔で言われました」

と岩村。愛媛出身で、中西にとっては同じ四国出身の後輩でもある。

実際に指導を始める前に掛けられた言葉も忘れられない。

「おい、わしにお前のバッティング教えてくれ、と言われたんです。ええ、教えるってどういうことですか、って驚いた。66歳で20歳の小僧に教えてと言えるのもすごいですよね。その人の目指しているものを聞き、それを尊重しながらやっていこうということですから」

メモを見ることもなく、パッと当時の中西の年齢が出てきた。

中西は当時の岩村についてこう語っている。

「初めて見たときから振る力はあった。ただ、飛ばしたいという気持ちがあふれ過ぎ、大振りになっていた。そこでボールを遠くに飛ばすのはタイミングとポイントだよ、決して力じゃない、振り方をもう少しシャープにしようという話をした」

岩村にとって中西との出会いは必然の運命だったのかもしれない。

「僕がヤクルトに入ったときに八重樫（幸雄）さんが二軍監督兼バッテリーコーチで、若松さんが一軍の打撃コーチだったんですよ。2人とも中西さんの教え子ですよね。僕は高校までしかやってませんし、バッティングはこれだなんてことは分かってなかった。打つ！　という自信はあったんですけど、正直不安はありました。一番はプロのスピードですね。18歳でプロのスピードを打てるのかというと、まったく自信がなかったですし、どうなるのかなと思っていました」

厳しくも親身になって指導してくれたのが、八重樫だった。

「二軍だったし、八重樫さんには野球だけでなく、生活面でも厳しく指導してもらいました。僕にとって父親みたいな存在だったのが八重樫さんで、その関係性は今も変わっていません。だから、全部、線でつながっているんですよ。八重樫さんとやっていたので、最初から中西さんが言われることが分かったし、すごくやりやすかったのはあります」

技術的には、外の球への対処を徹底的に言われた。

「ピッチャーは困ったときはアウトローと考えているし、どうしたって外の球が多い。それを引っ張りに行くとアウトコースが遠く見えるから、まずはアウトコースに目付けをしながら、しっかり打てるようにしておけ、と。インコースに来たら反応で打ちなさい、無理にフェアに入れる必要はない。ファウルでいいから振ってしまいなさいとも言っていました」

中西は岩村に「この練習を3年間やれ」と言い、自身は神宮の試合前、室内練習場にできる限り足を運び、熱心に指導にあたった。

当時、神宮での試合は18時20分開始が多かったが、中西との練習は1年目は13時から、2年目からは12時半から、3年目は12時からと徐々にスタートが早まり、その分、練習時間が長くなった。

「あのころのヤクルトの選手はみんなすごく練習をしていました。真中（満）さん、宮本さん、稲葉（篤紀）さんもそうですし。ほかにもオリックスで中西さんとやられていた馬場さんも来た。ベテランの方まで早出に来られるんで、僕ら若手も早く行かなきゃいけないじゃないですか。球団からはさすがに12時より前に来るなと言われましたけどね（笑）」

中西は神宮だけではなく、東京ドームの巨人戦にも来てくれた。このときは巨人にも教え子がいたので、両方のチームの選手を教えていたという。

「もちろん、まだ僕は生まれる前ですし、中西さんの現役時代を見たわけではありません。ただ、中西さんの実績、やってきた功績は知っていましたから、こんなすごい人が教えてくれるんだなと思い、あれだけの方に投げてもらったので、僕としては結果で恩返しするしかないと思っていました。中西さんがいなければ今の僕はなかったと思います」

自らバットを振ってスイングの手本を見せることもあった。

「腰の入り方が素晴らしいなと思いましたね。これだけの年を重ねてもこれだけのことができるんだ、すごいなと。後ろから見たら下半身が大きくて、さすが怪童と呼ばれただけあるなと思っていました」

岩村がレギュラーとなるための課題は、打撃より、むしろサード守備だった。もともとキャッチャーで入ってプロで内野手に転向したので、最初はかなり苦しんだ。守備の恩師は当時の二軍守備コーチの大橋穣（元阪急ほか）だ。

「守備はノックを受けた数だけうまくなると言われ、必死になって練習しました。宮本さんという素晴らしい方が隣（ショート）にいたのも勉強になりましたね」

早出で中西と打撃練習をし、そのあと大橋のノックを延々と受け続けた。１９９９年、岩村の一軍定着と同時期に大橋も一緒に一軍コーチとなったのも幸運だったと振り返る。

同年、83試合の出場ながら打率・２９４、11本塁打をマーク。翌２０００年、若松監督はベテランだった池山隆寛をサードのスタメンから外し、岩村をレギュラーとする決断をした。

「その年、僕は初めて規定打席に達し、サードのゴールデン・グラブ賞もいただいたんですが、正直、そのときの守備は、ほんとに僕でいいんですかというレベルでした。逆に、これに見合うように頑張らなきゃいけないと思いました」

レギュラー定着後も岩村の猛練習は変わらなかった。バットを振って、ノックを受けて、毎日、汗まみれ、泥だらけとなった。

当時、セ・リーグの他球団の担当記者をしていたが、いつも胸を張って不敵な表情をしている岩村が生意気そうに見え、勝手に「地味な守備練習は嫌いなタイプなんだろうな」と思っていた。その話をすると、「よく言われますが、練習は必死にやってましたよ。かなり」と言って笑った。

## 何苦楚に魂をつけたのは岩村だった?

あるとき岩村は、中西に「ヘルメットを出せ」と言われた。中西はマジックを取り出すと、その内側に「何苦楚」の三文字を書いた。

「わしのオヤジの三原監督からもらった言葉なんや。ええか、今やってることは何苦楚じゃ。今これだけやっとったら必ず花開く。今は我慢してやっておけ、と言っていただきました。それからはヘルメットを変えるたびに書いてもらうようになりました。

最初からすごくすっと入ってきたのは、僕自身が常になにくそと思いながらやっていたこともあります。バッティングって10回やって7回は失敗するじゃないですか。7回の失敗のとき、僕は常にくそって思っていました。打席に入れば10割でいきたいというのが、バッターは誰にでもありますからね。それを漢字にされたときの何事も苦しむことが礎となるという話と、なにくそと歯を食いしばる、その2つの意味があるなと思いました」

岩村はさらに何苦楚に魂をつけ、「何苦楚魂」と言っていた。

「中西さんには、お前が勝手に魂つけやがるから、ファンの人から何苦楚魂と書いてくださいと言われるんや、と言ってはいましたが、顔は笑ってました。まんざらでもなかったみたいですよ。何苦楚を広げたのがうれしかったんだと思います」

実は一度、『週刊ベースボール』で間違え、中西の言葉として「何苦楚魂」と書いてしまったことがあった。掲載した本を渡した際、お詫びすると、特に怒りもせず、なんだかうれしそうに「あれはわしやない。岩村君の言葉や」とだけ言った。

岩村はメジャー移籍後も何苦楚、いや何苦楚魂を大事にし、言葉の意味を聞かれると、「No pain,no gain」（痛みなくして得るものなし）と言っていた。

中西は神宮には「散歩のついでで来た」とよく言っていた。近くの病院に通院するついでかと思ったが、本当に家から歩いていたという。1時間ほどだが、それだけ歩いて、さらにトスを上げ、球を投げる。すでに60代後半、若いころから鍛え上げてきた貯金もあると思うが、決してそれだけではないだろう。

「この選手のためにできることをすべてやり尽くしたい」

あふれる情熱と愛情が体をつき動かし、岩村にも、それがしっかり伝わった。だからこそ、いつもひたむきに食らいつき、そして心から慕った。

約束の3年が過ぎ、中西の神宮通いが次第に減っていった。岩村の成長にホッとしたのと、自身の体力面の衰えもあったのかもしれない。

「ただ、僕の調子が少し落ちてくると、必ずショートメールが来たり、球場に顔を出してくれたりするんですよ。八重樫さんが呼んでくれたのかもしれませんが、あれはうれしかったですね」

そのときはもう、自分で投げることはなかった。

「練習に来ていただいて、打撃練習でケージの後ろに立って若松さんと話しているんですよ。目はこっちを見てないけど、耳だけで聞いているんですよね。『ボールを遠くに飛ばすのはタイミングとポイントだ。タイミングとポイントが合っているといい音が出るから、バッティングなんて耳で分かる』とおっしゃっていて、時々、『おお、いいな』と、あの笑顔で言ってくれる。乗せるのがうまいというか、あれで何度もどん底からはい上がることができました。ラミレスが『ガンはパパが来てくれると調子よくなるね』と言っていましたが、本当にそうでしたね」

２００７年、岩村がメジャーに行ってからも電話とショートメールでのやり取りは続いた。いまだに当時の留守電とショートメールは残しているという。

言葉は、どちらもシンプルだ。

「基本に忠実に頑張りなさい」「アウトコース低めに来たらしっかり打ちなさい」「インコース高めに来たら反応で打ちなさい」。

神宮の室内で繰り返し言われたことばかりだった。

中西は岩村のメジャー時代、試合は放映がある限り欠かさず見ていた。岩村が好機にヒットを打って報告の電話をすると、

「おお、じいちゃんはうれしいぞ！」

と声を弾ませた。

そのころ中西は岩村に対し、自分のことを「じいちゃん」と言っていた。

「僕は自分のじいちゃんに会ったことないんですよ。だから太さんに、そういうイメージを勝手に抱いていました。野球だけじゃないんですよ。太さんには僕の母親が死んだときも、いろいろなアドバイスをもらいましたしね」

少し言葉が湿る。

2005年8月26日の横浜戦（神宮）を前に、岩村の最愛の母・美千代さんが肺がんで亡くなった。若松監督は実家に戻るように言ったが、岩村は「プロとして目の前の試合を放棄することはできないし、母もそんなことは望んでいないと思った」と喪章をつけて試合に出場し、2打席連続の本塁打。ホームにかえったとき空を指さし、「おかん、見てるか」と心の中で言った。

## 福島の地で継承される中西イズム

福島に来てからは自身の引退試合を含め、中西に2度、球場に来てもらい、若い選手の指導もしてもらっている。

「選手は当然、中西さんのことを知らないんですけど、『分からないならスマホで調べろ。こんなすごい方がお前らの前に来て教えてくれるんだぞ』と言ってました」

打撃練習時、ケージ脇に椅子を置いて座ってもらい、いろいろなアドバイスをしてもらった。身振り手振りで、あのころの自分が言われた言葉を聞き、うれしくなった。

「以前は年に1度は家におうかがいして奥さんにもごあいさつをしていたけど、コロナからは行ってません。だから死に顔を見てないんで、僕の中ではまだ太さんは生きています。僕の恩師は、太さんと上甲（正典）さん（宇和島東高時代の監督）、若松さんなんですよ。上甲さんも亡くなってしまいましたが（2014年）、その分、使命感はあります。太さん、上甲さんのお二人の思いをつないでいかなきゃと。太さんには何度も言われましたからね。『お前がやってきたことを伝えてやりなさい』と」

岩村が中西イズムを一から教えたというのが、2024年、ソフトバンクに育成ドラフト1位で指名されて入った大泉周也だった。身長173センチと上背はないが、長打力を秘めたホープで、若手時代の岩村とも重なる。

「中西さんから教わったことは全員が全員できるわけじゃないんです。でも、十分ではないかもしれないけど、彼には伝えることはできました。まだ育成だから、すべてはこれからですけどね」

開幕した2024年シーズン、福島レッドホープスは厳しい戦いが続き、8月13日には、自らが自らにケジメをつける形でシーズン限りでの監督の退任、2025年から総監督になることを明らかにした。

ただ、中西もそうだったように、立場を変えても岩村の野球人生はずっと続いていく。これからも多くの若い選手に中西の教え、いや、中西の教えを自身のなかで熟成させた「岩村の教え」を伝えていくはずだ。

取材が終わると、岩村は球団事務所の玄関先に立ち、こちらが乗ったタクシーが見えなくなるまで見送ってくれた。

福島郡山の地に、脈々と中西イズムは生き続けている。

岩村は日米通算1585安打、209本塁打を
マーク（写真は2005年自主トレ）

## ライオンズの盟友たちとの別れ

時は残酷であり、公平でもある。

2000年代半ば以降、盟友の訃報が相次いだ。

仰木彬は2005年12月15日に死去。前年、オリックスと近鉄が合併という仰木自身にとってもおそらくはショッキングな事態が起こり、あえてバッシングもあった合併球団オリックス・バファローズの初代監督を引き受けた。

当時、小社で『さらば近鉄バファローズ』という本を制作し、仰木にインタビューをしたことがある。忙しいなか、なんとか時間をつくっていただいたが、最初に「合併についてどう思いますか」と尋ねると、語気を強め、「あんた、いくつや」と言って、そのあと黙ってしまった。

年を重ねた今なら仰木の思いが分かる。

男なら黙って受け入れ、前を向かなければいけないこともある。

すでに自身のがんは分かっていたようだが、それを周囲には隠し、1シーズンを戦い終えて退任し、すぐ亡くなった。オリックス・ブルーウェーブ監督時代のインタビューで、「私には怖いものがない。死ぬのも怖くないんですよ」と言っていた筑豊の川筋者らしい最期でもある。ただ、中西のショックは大きかった。

「寂しいとかつらいとか、ありきたりの言葉では表せない。何をどう言っていいか分からんよ。見舞いに行くと言ったんだが、『それより春季キャンプにまた若い選手を教えに来てほしい』と言われた。病床でもずっとオリックスのことを考えていたんだね。『そろそろいいこともありますよ』と言っていたから、これからのチームに希望を持っていたんだろう。

監督としてはいい息子をたくさん育てた。彼は選手の個性を尊重して売り出すことがうまかった。イチローがメジャーに行ったとき、一番心配し、活躍を一番喜んでいたのも仰木君だと思う。それとももう一つ気にかけていたのは大阪ドームの観客動員だった。『満員にしたい。どうしたらファンに大阪ドームに来てもらえるか』といつも考えていた」

2007年、仰木同様、西鉄時代の部屋子でもあった後輩・稲尾和久が逝った。

「何年か前、仰木君と稲尾君と3人で五島列島に出掛けたときがある。あのとき2人はまだ元気だった。寝たふりをしている私を横目に夜中までビールを飲んでいたよ」

西鉄の青春時代と同じだ。一人寝ていた中西の部屋に、朝方、酒臭い2人が足音を忍ばせ、帰ってくる。声を潜めながらも、酒席の話を思い出す笑い声もあった。目が覚めることもあった中西だが、いつもそのまま寝たふりをした。

後輩というよりは弟に近い2人だった。2人も同じだったと思う。兄のように慕い、時に甘えた。その関係はずっと続いた。

豊田泰光も2016年に亡くなり、2018年には当時ライオンズOB会会長をしていた高倉照幸も死去。そのとき中西は「わしもすぐ死ぬぞ、と言ったが、ほかにおらんと言われてな」と、一時期だったが、OB会会長に就いている。

中西に取材をお願いすると遺言のような話になることがよくあった。ただ、決して後ろ向きではない。

2013年、79歳のときの言葉を紹介しよう。

「野球やっていて、ほんといろんなことがあった。でもな、わしはなんの後悔もないよ。野球を通した財産がたくさんあるからね。人のつながり、家族もそうじゃ。選手のときのライバルが指導者時代の仲間になったり、不思議な巡り合わせもたくさんあった。ほんと幸せな男だと思うよ。

現役の選手や監督、コーチに教え子がたくさんおって、時々、教えに来てくれとこんなじいさんに声を掛けてくれる。わしの教え子が、わしの教えたなかから一つでもいいと思ったことを継承してくれたらいい。それで若い選手をしっかり育ててほしいと思ってる。

長生きすると、いろんな人に出会うし、いろんなつながりができる。いま思うのは、本当に野球一筋、野球バカで一生を終えることができてよかったということや。チームメートもそうだし、コーチとして、監督として、いろんな球団のいろいろな選手と出会った。全部財産や。監督としてはへぼでたくさん失敗もしたけど、監督を助け、選手を育ててということでは、やれたと思うよ。幸せな男や。

それにな、評価は自分でするもんやない。わしみたいに棺桶に足を突っ込んだじじいに、誰かが、そういえば、あのとき、こんなことを言われたな。あの言葉はありがたかったなと思い出してくれたらそれで十分や。自分で自分を褒めたたえる人も多いが、そんなの意味はないよ。

野球は奥深い。わしは今もダルビッシュ(有。当時テキサス・レンジャース。現サンディエゴ・パドレス)と対決している夢を見るからな。あんなでかくて、球種もたくさんある投手をどうやって打とうかって悩むんや。起きたあとはコーチとして、どうやって打ち崩せるように教えようかって考える。きりがないな」

2023年のWBCでも、大谷翔平を応援しながら、きっとどこかで、自分ならどう打ち崩そうか考えていたと思う。

怪童対二刀流。想像するだけで、胸が躍る。

2002年、完成した平和台球場のレプリカの前で。
左から中西、稲尾、豊田

## 「三原ノート」の後継者、栗山英樹

2012年、栗山英樹が日本ハム監督に就任した。ヤクルトを1990年限りで引退してからスポーツジャーナリストとして活躍し、コーチ経験なしでの監督就任でもあった。

中西とのコーチと選手の関係はルーキーイヤーの1984年途中までだったが、引退後もずっと「もっともっと中西さんの打撃論を聞いてみたい」と思っていたという。20年ほど前、取材の形で、それが実現。話は何時間にもわたる熱いものとなり、打撃だけでなく、中西の血肉となっている三原の野球論にも広がっていった。

その場で「これを読んでみなさい」と見せてくれたのが「三原ノート」だった。頼んで1日だけ借り、全ページのコピーを取ったという。

「本当に素晴らしいものです。今の時代の野球の考え方というならまだ分かるんですが、昭和30年代、情報がさほどなかった時代に、ここまで考えられたというのは、どのくらい大変だったか。想像を絶します。しかも、まったく古くない」

以後、三原ノートを数えきれないほど読み返し、そのたび多くのものを得た。日本ハム監督となってからはいつも手元に置き、時にそのなかの言葉を監督室の黒板に書き出したりもした。

中西は目を細め、言う。

「三原ノートは栗山君以外の人にも貸しているけど、そこに自分自身の経験が出てこなければ、やっぱりダメ。言うなれば、あれは奥深いところに導いてくれる辞書のようなものだからね。野球はこうあるべき、配球はこうあるべきと偉そうに話す人はいっぱいいるけど、それを分かりやすくかみ砕いて選手たちに伝えてあげないとただの自己満足。栗山君は、それがしっかりできている」

三原ノートを通じ、栗山には中西だけでなく、三原との師弟関係も生まれたと言っていいだろう。面白いのは栗山が日本ハム監督となったことだ。１９７４年創設時の初代球団社長の三原、初代監督の中西とつながったのだから。


栗山は監督就任以来、毎年、三原の墓参りをし、監督室には三原の写真と中西からもらった三原直筆の「日々新たなり」と書かれた布を額縁に入れて飾っていた。

「リーグ優勝をしたとき、中西さんに連絡をしたら、『オヤジも喜んで見守っているよ』と言われ、すごくうれしかったんですよね。やっぱり僕のなかで、中西さんを通して三原さんっていうのが日本最高の監督像にあって、大谷の使い方とかでも、これが三原さんだったらどういう起用法をするんだろうと考えたりもしますから」

2016年の日本シリーズ後、中西家で対談してもらったときの言葉だ。

このとき中西は栗山に「わしは週刊ベースボールの取材で、最後は日本ハムが勝つと言っとったんよ。これは自慢してもいいだろ」と言って、ニヤリと笑った。

前半戦ソフトバンクが大独走をしていたが、追う日本ハムも勢いを増していたシーズン中盤の展望企画だ。日本ハムは中西の予想どおり、そこから大逆転優勝を飾っている。

同年、中西は時々、栗山に激励のショートメールを送っていた。

「広島との日本シリーズで1、2戦と連敗したとき『まだまだこれからだぞ。何苦楚だぞ』とメールをいただき、僕に向けて何苦楚という言葉を送られたのは初めてだったし、すごく胸に響いたというか、ありがたかったです」

大谷の二刀流がピタリとはまりMVPにもなった年だったが、始めたばかりで賛否両論がにぎやかだった時期に相談された中西は、二刀流を強く勧めたという。

「やりなさい、三原さんも喜んどると言ったことがある。オヤジも昔、二刀流をさせとったしね。野球選手は、だいたい高校時代まではエースで四番。みんなその力はある。ただ、両方できたとしても、全員にさせても仕方がないんじゃ。栗山君は、大谷君の力を見抜き、厳しいところで勉強させているんだね。話題づくりみたいなもんとはまったく違うよ。それによって、本人が成長するという確信があってこそだ。

バッティングが投球にもプラスになっている。バッティングをしているから、あれだけ長身の選手でもバランスがよく、体にキレがある。瞬間的なグッというキレだね。あのキレがあって、下をうまく使えるから大谷君は高めに伸びるストレートを投げることができる。低めの球は、いいポイントで打てば、それなりに飛ぶ。でも、高めに大谷君のような長身投手が速球を投げると、振らされて空振りになったり、そのあと低めのフォーク、スライダーが効果的になるんや。

ピッチングをしていることでバッティングにもいい影響が出ている。フットワーク、重心の移動がすごくよくなっているしね。

これは、長所を生かすという、三原さん以来続いている伝統でもある。人を見て法を説けと言うじゃろ。その人の長所を見抜き、伸ばし、育てる。バッティングでも、ピッチングでも、その人なりのタイミングや合ったフォームを身につけさせるのが一番いい。栗山君は、それがうまい」

大谷の二刀流だけではない。中西は栗山に三原監督との共通点を感じることも多かったと言っていた。

「いいことばかり言うわけじゃないよ。三原さんも、ダメなものはダメという厳しさがあったけど、若い者を萎縮させなかった。栗山君も同じだね。

優しい顔はしているけど、芯は強い。ピシッとした信念がある。情は人一倍あるんだけど、これ以上、情に棹《さお》させんな、というときはパッとできる。中田（翔）君（現中日）に代打を出したときもそうさ。スパッと代えたよね。あれでほかの選手もピリッとした。中田君は、本当はすごくいい子なんじゃが、テレンコテレンコしてるときがある。わしと同じで顔で損しとるしな（笑）。

要は、公平さと適材適所ということ。そのためには当たり前のことを当たり前にやればいいんだが、これが一番難しいんだ」

さらに「わしはどのチームの応援もせんが、日本ハムはいいチームをつくっているなと思っている。栗山君だけじゃない。フロントも頑張っとるよ」と言っていた。

「何より北海道に行ったことがよかった。しかも、しっかり根付いていこうと真剣に取り組んでいる。わしがたまに行っても、すごく感じる。栗山君も北海道に家を移しているしね。わしは間違いなく死んどると思うけど、今度、北海道に球団自前の球場をつくるとい

2016年、中西家で当時日本ハム監督・栗山（左）と対談

うじゃないか。三原さんもそういう夢を見ていた。思いというのは、しっかりつながっていくんだね。ありがたいことや」

　２０２３年、中西は新球場エスコンフィールドの完成を見届け、栗山監督の下、大谷が躍動したＷＢＣ世界一も見届けた。

　それもまた、野球の神様のプレゼントだったのかもしれない。

## 故・野村克也への最後のメッセージ

以降は記憶にも新しい。紛らわしくなってしまうが、再び敬称を入れて書いていく。

2020年2月、野村克也さんが亡くなった直後、追悼の取材をお願いした。これまでと少し重なるところもあるが、対面の取材はこれが最後だったので、そのまま紹介させていただく。マスクはしなかったが、玄関に消毒液が置いてあった時期だ。

「野村君には、この間、1月にヤクルトのOB会で会ったばかりだった。彼は初めて出席したんじゃないかな。車椅子ではあったが、それでも、しゃべるときはしっかりしていた。そういえば、なんでなのかな。2月11日の夜、たまたま夢に野村君が出てきた。それで、朝、テレビを見ていたら亡くなった、と。奥さんの沙知代さんと同じ心臓の病気だったらしいね。

野村君は昭和29年（1954年）にテスト生で南海に入団した。私より2つ下で、試合に出だしたのは31年からだったと思う。それで翌32年にホームラン王になった。その前の年までの4年間と翌33年は私がホームラン王だったけど、彼は年下だし、あまりライバルと思ったことはない。私がそう思っていたのは、山内（一弘）さんだけだよ。

ただ、南海は西鉄が優勝して選手権に進むには、絶対倒さなければならない相手。伝統がある強いチームで、最初は『百万ドルの内野陣』と言われた守備陣と機動力のチームだった。個性豊かな選手が多くて、それを親分と言われた鶴岡（一人）さんが率い、作戦面は蔭山（和夫）さんがいた。尾張（久次）スコアラーが集めた情報の分析力も素晴らしかった。組織力のあるチームだったね。野村君も、ああいうチームにいたからこそ、観察力、洞察力が磨かれたんだろう。

三原さんは九州の田舎で、いかにこの南海というチームに勝つかを考え、選手を一人ひとりつくっていくことで戦おうとした。私もそうだし、豊田君、稲尾君、仰木君とね。それで31年からリーグ戦を3連覇し、選手権でも巨人を3年連続で破った。鶴岡さんも西鉄を見て思うところがあったんだろう。野村君やわしと同じ高松出身の穴吹（義雄）君らを中心に『四百フィート打線』で西鉄に対抗してきた。三原さんもそうだが、鶴岡さんも敵であってもいいところは吸収しようという柔軟さがあった。

私はなぜか鶴岡さんにかわいがってもらって、球場でも、よく『おい、太』と話し掛けてきた。三原さんは、いい顔はしなかったと思う。相手の選手を手助けしてはいかんとあとで言っていたこともある。私はコーチ時代もそうだが、ついつい相手チームの選手に教えてしまうほうだった。鶴岡さんと似てるところがあったのかもしれないな。

若手時代の野村君と、じっくり野球の話をしたことがあった。南海の後援会の方から野村君と一度会ってくれと頼まれ、食事をしたんだ。そこでいろいろ話し、彼がつぶさに聞いてきた。私は口が立つほうじゃないし、何を話したかはよく覚えていないが、あくる日の試合で2人ともホームランを打って、びっくりしたことは覚えている。

野村君が南海の兼任監督となったのは45年からで、彼も48年に1度優勝したが、沙知代さんのこともあって52年に退団した。お互い順風満帆な人生じゃなかったのは、似てると言えば、似てるな。

少年時代もそう。2人とも母親が女手一つで育ててくれ、今では信じられないほどひどい貧乏のなかにあった。そういう人間は闘志が表に出ない。負けてたまるかという思いは誰よりもあるよ。それがなきゃ、この世界では生きていけないしね。ただ、私も野村君もそれを内に秘めるタイプだった。豊田君とは反対だな（笑）。

選手をやめたあとの野球人生は、まったく違う。私はヤクルトにコーチとして呼ばれ、そのあと日本ハムで監督にはなったが、三原さんにクビにされ、これが転機になった。自分は監督じゃなく、コーチのほうが合っていると思ったんだ。ファースト、セカンドで言えば、私は監督を支えるセカンドを選んだ。今でも2はラッキーナンバーのようなものよ。

野村君は違った。長く評論家をやって、平成2年（1990年）からヤクルトの監督になったが、そこからずっとファーストを求め、いろいろな球団でボロボロになるまでやった。監督としての信念もあるし、決断力もある。嫌なことも言えるしね。監督に向いていたんだろう。

彼が評論家や監督として野球を理論で考えているとき、私は実際論で選手と一緒に汗を流しながら、こういうことをさせたら、こう変わるんだという発見をして、選手と一緒に成長していった。

好対照だったと思うが、共通点があるとすれば野球が好きで、野球しかなかったところかな。あとは、いろいろなチームに行って苦労したのも同じ。不思議と接点もあって、時期はずれとるが、2人ともヤクルト、阪神にいたことがある。野村君はヤクルトで、やれ、再生工場だ、ＩＤ野球だと言われたが、われわれが耕したあとに来たんだけどね（笑）。

まあ、功は誰でもいい。チームが強くなれば、誰のおかげでもいいんだ。

ブレイザーとの出会いもある。私は彼がカージナルス時代、日米野球で出会ったんだが、のちに南海に来て、やめてからは野村君の下でヘッドコーチをやった。相手のクセの見抜き方に長け、シンキングベースボールで日本の野球を変えた男だ。彼が野村野球の基礎をつくったと言ってもいい。私も彼が阪神の監督になったとき、誘われてコーチになった。あそこでは大変な思いをしたけどね（笑）。

私はいつも思う。人生の財産は人との出会いだ。私はその財産だけはたくさんある。野村君もそうじゃないかな。苦労してあちこちの球団を渡り歩くなかで、たくさんの出会いがあったはずだ。沙知代さんとの出会いも大きかったと思うよ。それでまた、野村君の出会いが広がった。

日本中に野村君の教え子がいる。たぶん、余計なことも言う人だったから、監督、選手の関係のときはケンカをしたこともあったと思うが、今は、あなたの訃報を聞き、涙を流し、悲しみ、感謝している。

いい人生だったんじゃないかな、野村君」

中西さんには取材のあと、いつも掲載前の原稿を見せた。

「原稿を見せてくれ」と言われたことはない。いつも「好きに書きなさい」と言ってくれたが、中西さんの反応を見たいと思い、郵送やファックスではなく、文字を大きめにプリントしたものを自宅に持参した。

間違いを指摘し、顔をしかめることもあったが、気に入ったフレーズを見つけ、声に出して読み、ニヤリとするときもあり、それがとてもうれしかった。

このときは「うん」とうなずき、「いいじゃないか」とニコリと笑って言ってくれた。

お会いしたのは、それが最後だ。

## 三原・中西の世界一への援護弾

2023年11月3日に故郷の高松市で中西さんのお別れ会を企画していると聞いた。香川県木田郡三木町の伊藤良春町長が中心となって進めているとのことで、町役場に電話をすると、職員の方から「公務ではなくプライベートなので、伊藤が自分から掛けるそうです」と言われた。

そのあとすぐ返信をもらい、「東京でも開催するとは思いますが、高松でもやってほしいという声が多かったもので。素人ですし、何からすればいいのか分からずやっています。時間がないのでバタバタです」と人柄が伝わる穏やかな口調で言った。中西さんの母校・高松一高の後輩であり、高松一高野球部OB会会長でもある。

2016年のセンバツを前に高松高、高松商高、高松一高の3校の野球部OB会が高松讃紫会を結成。中西さんは、高松讃紫会の立ち上げにも携わった高松商高OBの山口富士雄さん（元阪急ほか）から名誉会長を打診され、二つ返事で承諾した。コロナ禍の前には交流戦や懇親会が毎年開かれ、中西さんも足を運んでいる。

その最後、2019年の試合では「わしも出せ」と言って代打に出ると見事ヒット。伊藤会長が出した代走に「いらんぞ。わしは最後まで出る」とニヤリと笑って言った。

お別れ会の前日から高松に入り、翌日、朝から街を歩く。かつて高校生・中西の主戦場だった高松市中央球場は高松市中央公園になっていた。グラウンド跡地にはホームベースだけが置かれ、公園の敷地内には水原茂、三原脩両氏の銅像があった。

夕刻、お別れ会の会場に行く。「何苦楚」と書いた色紙を持った中西さんの遺影の下には、甲子園大会準決勝の高松一高―平安高戦のスコアボードのミニチュアとボールが置かれ、ユニフォームなど選手、指導者時代の野球道具、吉田義男さん、王貞治さん、梨田昌孝さんをはじめ、たくさんの方からの花が飾られていた。

開会前に伊藤会長にごあいさつすることができた。電話の印象どおり物腰柔らかで「私にとって雲の上の人でしたが、会を通じ、親しく話していただけるようになりました。ぜひいたくなことですが、バッティング理論を身振り手振りを交えながら教えていただいたこともあります」と思い出話をしてくれた。

会場では、生前の中西さんの映像が流れていた。現役時代、監督、コーチ時代、敏子夫人が娘さんたちとスタンドから見守る映像や高松でのさまざまなイベントに出席したときのものもあった。

会長が言っていた高松讃紫会交流戦での最後のヒットもあった。外角高めを腕を伸ばしてとらえ、86歳、怪童最後のヒットはやはりセンター前だった。

栗山さんはWBC後の多忙なスケジュールのなか早々にお別れ会への参加を表明。会のあとには記者たちの囲み取材にも応じた。

中西さんに最後に連絡をしたのは2023年1月の電話だったという。「こちらに気を遣い、無理に元気を振り絞っているようでした」と振り返る。

質問の機会があったので、中西さんがWBCの世界一に大喜びをし、そのあと栗山さんに電話を掛けるかどうかで迷い、「寝てると悪いから」としなかった話をした。「後日、連絡はありましたか」と尋ねると、

「ありませんでした。僕も負けたら謝りの電話を入れたと思いますが、勝ってしまったので、勝ちました、みたいに偉そうに言うのもなんだかなと思いまして連絡はしていません。ただ、WBCに同行した記者の方から、中西さんが『WBCは最後まで見れんかもしれんな』と言っていたと聞いていたので、見届けてもらったのならうれしいです」

もう一つ、お別れ会のあいさつで中西さんを「おやっさん」と言っていたので、「いつ

からそう呼んでいたのですか」と聞いてみた。

「いつからだろう……。（日本ハムの）監督の最後のほうからだったと思います。ほんと自然にです。話しているときは、中西さんと言っていたこともありますが、心のなかでは、ずっとおやっさんでした。言い方は別とし、僕だけじゃなく、そう思っていた人は多かったと思います。そのくらい誰に対しても深い愛情を持って接していた方です。自分のことを一切考えず、人のために尽くし切れる方でした」

そのあとも集まった大勢の記者たちの質問一つひとつに丁寧に答え、「知事と市長と名刺交換をした際、真っ先に中西さんの銅像をつくってくださいとお願いしちゃいました」と言って、少し表情を緩めた。

のちの話になるが、2024年5月、高松市中央公園の水原氏、三原氏の銅像近くに中西さんの銅像を建てる計画が発表された。完成予定は2027年と聞く。

「旅立った中西さんに、どんな言葉を送りたいですか」という質問には、「いえいえいえ」と言って、大きく手を左右に振ってから答えた。

「旅立ってほしくない。これからもずっと一緒です。いつも会話していきますよ。迷ったときには教えてくださいと話し掛けます。中西さんなら、どう答えてくれるかなと思いながら会話をしていきます。亡くなった三原さんもそうですが、僕のなかには2人とも困っていたら降りてきてくれる感じがあるんですよ」

WBCを前に、かつて中西さんから託された「三原ノート」に加え、中西さんの家と長男の博さんの家で新たに見つけたノートが栗山監督に届けられた。三原、中西親子の世界一への援護射撃と言ったら大げさだろうか。

栗山さんは2人の思いを受け継いだだけではない。その夢をかなえ、さらにその先に進んでいる。

2023年11月３日、故郷高松でのお別れ会。
中西さんが一番気に入っていた打撃フォーム
の写真が飾られていた

## 2024年7月1日、再び中西家へ

2023年11月、敏子夫人に「原稿は来年の1月くらいにはお見せできると思います」と連絡したが、なかなか思うように取材や調べものが進まず、ずるずると遅れてしまった。いくつか敏子夫人に確認したいことがあったのだが、遅れている引け目もあって連絡しづらく、2024年6月末に電話したときには、開口一番、「まあ、お久しぶりです」と明るい声で言われてしまった。

7月1日、原稿を持参し、ご自宅にお邪魔すると、敏子夫人だけではなく、長女の則子さんと初めてお会いすることができた。

「父の現役時代はほとんど記憶にありません。少しだけ覚えているのは、優勝したときのセレモニーを球場の下のほうの窓から見ていたことです（1963年）。ほかはあまり球場まで行った思い出がないので、お別れ会の会場で母と私が球場で試合を見ている映像があって、びっくりしたくらいです」

中西さんが乗っていた車の種類や、当時の記事の答え合わせのような話でしばし盛り上がる。2人の記憶違いがあれば、記事の間違いもありといろいろだ。

「1965年、ケガをした中西さんを敏子夫人が空港で号泣しながら出迎えたという話が載っていました」と言うと、則子さんが「母は泣かないと思います」ときっぱり。敏子夫人も「どうでしょう。覚えていませんが、私は人前では泣かないと思います」と言っていたので、本書の文中には「2人きりになると」と加えた。

一番盛り上がったのは、買い物話だった。

「買い物が好きで、歩いて5分のところにあるスーパーに行き、食材を自分で買ってくることもありました。私が行きますと言っても『いいんじゃ、わしが行くから』と言ってきかないんです。お店の人との話が楽しかったのもあったようですね。たまに頼んだものを忘れてほかの物を買ってきちゃうこともありました」

敏子夫人は少し声を出して「ふふふ」と笑った。

「そうそう、野菜を山のように買ってきて、誰がこんなに食べるのかと思ったことがありました」

則子さんも思い出し笑いをする。則子さんの家は同じ敷地内にあり、日々行き来がある。

「海外のキャンプのあとがすごかったんですよ。たぶんチームの荷物と一緒に運んでもらえるからだと思いますが、ホームセンターみたいなところで買ったんでしょうね。芝をきれいに刈れるという大きな熊手みたいなものや、あと、きれいな銀色の球体を買ってきたことがありました。なんですかこれ、と聞いたら『分からん』って（笑）。開けてみたら虫ピンがぎっしり入っていました」

中西さんと敏子夫人の笑顔のやり取りが思い浮かぶ。

花を買うのも好きだったという。持ちきれぬほど買ってタクシーで帰ってきたり、ホテルのロビーに置くような大きな鉢植えの花を買ってきたりしたこともあった。

結婚記念日や敏子夫人の誕生日には必ず花束を買ってきたと言うので、「則子さんたちの誕生日にもですか」と聞くと、則子さんは「いいえ」と首を振り、

「母にだけです」

と答えた。

中西さんが亡くなったあと、初めてお邪魔した日を思い出した。さきほど「人前では泣かないと思います」と言った敏子夫人が泣いていた。

こらえ切れぬ、特別な涙だったのだと、あらためて思った。

敏子夫人に「中西さんがいなくなって寂しいですね」と言うと、

「はい。ですから今はユーチューブをテレビでよく見ています」

と意外な答えをし、中西さんがいつも野球を見ていた大きなテレビをチラリと見た。

中西さんの多くのインタビュー、映像はユーチューブで見返すことができる。一番新しいのは、2021年1月にアップされた宮本慎也さん、中根仁さん（元近鉄ほか）が司会をしたプロ野球OBクラブのものだ。2人とも中西さんの愛弟子である。拝見したが、中西さんはいつものように身振り手振りを交えて打撃の話をしたり、立ち上がってグラブさばきの動きを見せたりと、元気に、そして楽しそうに話していた。

則子さんは、「父はユーチューブがなんなのか分かってなかったと思います。宮本さんから頼まれたから行く、という感じでしたね。撮影はどこだったのでしょう。車で迎えに来て連れていかれて、いつのまにか帰ってきていました」と笑った。

いつも取材をしていた部屋で、いつものようにお菓子とお茶を出していただき、笑ったり、しんみりしたりしながら、中西さんの思い出話をたくさんした。

きっと、中西さんは天国で、何度もくしゃみをしていただろう。

高松でのお別れ会の話も聞いた。

あの日、式次第を見て、敏子夫人自らがあいさつをすると知り、少し驚いた。「人前で話をするのは得意ではありません」と聞いていたからだ。大勢の来場者がいて、緊張は大変なものだったと思う。

敏子夫人は則子さんに相談しながら文面を考え、それを懸命に暗記した。

「人の名前だけは間違えたらいけませんので紙を見ましたが、ほかはなんとか覚えようと思いまして」

照明が落ちた会場で、則子さんに支えられた敏子夫人がマイクの前に立った。言葉は震えながらもしっかりしていた。来場者に感謝の言葉を送り、最後、中西さんが書き残した日記に、こうあったと明かした。

「出会った人たちに助けられ、本当に楽しい人生でした」

2016年、自宅にて（撮影＝長野陽一）

EPILOGUE

# お別れ会、栗山英樹さんのあいさつ

最後までお付き合いいただきありがとうございました。

中西さんの一周忌までにはと思って準備していたのですが、いつの間にか季節は過ぎ、2024年秋となってしまいました。

敏子夫人、則子さん、取材に協力いただいたたくさんの方々、そして中西さんの友人でもあった田村大五さん（故人）をはじめ、小社の先輩記者の皆さん、何より、長い間、数えきれないほどの取材に応じてくれた中西さんに深く感謝いたします。

中西さんの言葉には、いつも深い含蓄があり、気配りとユーモアがありました。できる限り言葉を生かしたいと思い、結果的には話が重なってしまったところが多々あります。ご容赦いただければと思います。

最後をどう締めくくればいいか迷いましたが、高松市であったお別れ会での栗山英樹さんの言葉をそのまま載せるのが、一番いいのではと思いました。

思いの丈を語った、心に染み入るものでした。

表紙の帯に「絶対に選手を怒らなかった」と書きましたが、やめたあとながら栗山さんが叱られた逸話も出てきます。ただ、決して「怒った」のではないと思います。

中西さん、いや、おやっさん。私の高校時代、監督が毎日バッティング理論を語るのは、中西太選手のインパクトの瞬間の写真を見ながらでした。

いかに理論的か、いかに理想的か。毎日おやっさんのフォームを見ていました。これが私の野球のベースです。そして驚いたことに、そのおやっさんから、ヤクルト入団時、じかに指導をいただくことになります。

その感動は今でも忘れません。あこがれの人からティーを上げてもらって打ち方を教わる。感動のるつぼと思っていた矢先、「もっと強く」「もっと激しく」「振るんじゃ」とティーを上げながら大声でどんどんと迫ってくる。

もう目の前に来て「振れ、振るんじゃ！」。おやっさんに「バットが当たる、危ないです」と言葉にしようと思うんですが、それでも「いいから振れ。そんなこと関係ないんじゃ、振るんじゃ！」。本当に手を打ってしまった選手もいました。

そこまで選手をなんとかしようという愛情は誰にも伝わり、選手の心に大きな火をともしてくれました。その愛情こそ、私の指導者としてのすべての原点です。

人を育てるためにこうあれと身をもって教えてもらいました。そんななかでもっともうれしかったことは、29歳で体を壊し引退した際、初めてグラウンドでお会いしたとき、遠くのベンチから「こらお前、誰が野球やめていいと言ったんじゃ。世の中なめているのか。うぬぼれるな。いい加減にせえ！」。多くの人の前で思い切り叱られて、ただ、こんなにうれしかったことはなかったです。

大好きな野球、プロ選手として本当に中途半端な僕を、ある意味、選手として、あの中西太さんが認めてくれていた。涙があふれました。

現在の野球の打つ技術のすべてのベースはおやっさんです。それをもう一度基本から教えてもらおうと、あるとき無謀にも自宅を訪ねさせてもらいました。なんと言われるかドキドキしていましたが、本当に丁寧に何時間も指導してくださいました。

その最後に、「これ見てみい。オヤジのノートや」と何冊かのノートを机の上に置いてくださいました。これこそが私の宝物。私が監督としてずっと学び続けた「三原ノート」です。あの西鉄時代のミーティングをベースに野球の草創期、野球をつくり上げてきた三原野球の魂、発想、思いがすべて記されていました。

私は本当に勝手ながら、「1日貸してください」と言ってコピーさせてもらい、それが僕の監督としての道しるべになりました。

すべてはおやっさんの愛情から生まれたものです。ファイターズの監督となってから毎年、三原監督のお墓参りをさせていただき、恐れ多いことですが、三原監督と会話をさせてもらいました。

このWBCでも、さらなる三原監督の手記や大切なことを、おやっさんをはじめ、親族の皆さんのおかげで私の手元に届けていただき、思考や決断など、勝ち切るためになくてはならないものになりました。本当に感謝しかありません。

WBC直前、1月に電話で話をさせていただいたときも、体調は優れなかったと思いますが、本当に元気な声で、心配させまいと、おやっさんの優しさをひたすら感じていました。

そんな明るい声に必ずいい報告をする。大きな力をいただきました。

いつも私に言っていた「天につばしたらあかん！　天につばしたらあかんのじゃ！」。人は誰もがいいところ悪いところがありますが、人のいいところを本当に信じて大切にし、そして愛する。そうすれば必ず道は開ける。だから人をくさすような言葉はいっさい吐くな、ということだと思います。

これこそ私のたった一つの自分との約束になっています。

最高の選手でありながら、これだけ多くの人をつくり、愛されたおやっさん。同じときを生きることができたこと、これ以上幸せなことはありません。でも、ここでさよならは言いません。これからもずっと話をさせてください。一緒に一人でも育つように全力疾走していきます。

おやっさん、ありがとうございました。これからもよろしくお願いします。

参考文献
週刊ベースボール（1958年創刊。ベースボール・マガジン社）
ベースボールマガジン（1946年創刊。ベースボール・マガジン社）
西鉄ライオンズ　獅子たちの「闘争」　中西太著（ベースボール・マガジン社）

Pofile

なかにし・ふとし●1933年4月11日生まれ。2023年5月11日死去。香川県高松市出身。高松一高から1952年に西鉄入団。同年新人王に輝くと、翌1953年には本塁打王、打点王の打撃2冠、トリプル3も達成。以降1955、1956、1958年にも打撃2冠の活躍で西鉄黄金時代を支えた。1962年には28歳で監督兼任となり、1963年にリーグ優勝。1969年限りで現役引退、監督も退任した。その後は監督、コーチとしてヤクルト（1971～73、83～84途）、日本ハム（1974～75）、阪神（1979～81）、近鉄（1985～90）、巨人（1992）、ロッテ（1994）、オリックス（1995～97）と複数チームで多くの打者を育てている。現役通算成績1388試合、1262安打、244本塁打、785打点、142盗塁、打率.307。1999年野球殿堂入り

## 西鉄ライオンズ年度別順位表

(50年のみ西鉄パイレーツ)

| 年度 | 監督 | 順位 | 試合 | 勝利 | 敗北 | 引分 | 勝率 |
|---|---|---|---|---|---|---|---|
| 1950 | 宮崎　要 | 5 | 120 | 51 | 67 | 2 | .432 |
| 1951 | 三原　修 | 2 | 105 | 53 | 42 | 10 | .558 |
| 1952 | 三原　脩 | 3 | 120 | 67 | 52 | 1 | .563 |
| 1953 | 三原　脩 | 4 | 120 | 57 | 61 | 2 | .483 |
| 1954 | 三原　脩 | 1 | 140 | 90 | 47 | 3 | .657 |
| 1955 | 三原　脩 | 2 | 144 | 90 | 50 | 4 | .643 |
| 1956 | 三原　脩 | **1** | 154 | 96 | 51 | 7 | .646 |
| 1957 | 三原　脩 | **1** | 132 | 83 | 44 | 5 | .648 |
| 1958 | 三原　脩 | **1** | 130 | 78 | 47 | 5 | .619 |
| 1959 | 三原　脩 | 4 | 144 | 66 | 64 | 14 | .508 |
| 1960 | 川崎　徳次 | 3 | 136 | 70 | 60 | 6 | .538 |
| 1961 | 川崎　徳次 | 3 | 140 | 81 | 56 | 3 | .589 |
| 1962 | 中西　太 | 3 | 136 | 62 | 68 | 6 | .477 |
| 1963 | 中西　太 | 1 | 150 | 86 | 60 | 4 | .589 |
| 1964 | 中西　太 | 5 | 150 | 63 | 81 | 6 | .438 |
| 1965 | 中西　太 | 3 | 140 | 72 | 64 | 4 | .529 |
| 1966 | 中西　太 | 2 | 138 | 75 | 55 | 8 | .577 |
| 1967 | 中西　太 | 2 | 140 | 66 | 64 | 10 | .508 |
| 1968 | 中西　太 | 5 | 133 | 56 | 74 | 3 | .431 |
| 1969 | 中西　太 | 5 | 130 | 51 | 75 | 4 | .405 |
| 1970 | 稲尾　和久 | 6 | 130 | 43 | 78 | 9 | .355 |
| 1971 | 稲尾　和久 | 6 | 130 | 38 | 84 | 8 | .311 |
| 1972 | 稲尾　和久 | 6 | 130 | 47 | 80 | 3 | .370 |

※順位の太字は日本一。三原脩の登録名は51年のみ「三原修」

| 打点 | 盗塁 | 盗塁刺 | 犠打 | 犠飛 | 四球 | 死球 | 三振 | 併殺打 | 打率 | 順位 |
|---|---|---|---|---|---|---|---|---|---|---|
| 65 | 16 | 4 | 0 | | 26 | 0 | 38 | 12 | .281 | ⑰ |
| **86** | 36 | 16 | 1 | | 41 | 1 | 52 | 13 | .314 | ② |
| 82 | 23 | 9 | 2 | 4 | 51 | 4 | 73 | 10 | .296 | ⑦ |
| 98 | 19 | 12 | 0 | 3 | 71 | 2 | 91 | 10 | **.332** | ① |
| **95** | 15 | 12 | 1 | 5 | 54 | 1 | 70 | 8 | .325 | ② |
| **100** | 15 | 6 | 0 | 2 | 49 | 1 | 71 | 14 | .317 | ② |
| 84 | 8 | 9 | 0 | 2 | **60** | 3 | 59 | 10 | **.314** | ① |
| 29 | 2 | 3 | 0 | 3 | 24 | 1 | 24 | 6 | .294 | |
| 10 | 1 | 0 | 0 | 1 | 6 | 0 | 8 | 4 | .362 | |
| 54 | 4 | 6 | 0 | 3 | 44 | 1 | 42 | 8 | .304 | |
| 11 | 2 | 1 | 0 | 1 | 9 | 1 | 8 | 4 | .268 | |
| 26 | 0 | 3 | 0 | 0 | 24 | 1 | 47 | 10 | .282 | |
| 4 | 0 | 0 | 0 | 0 | 6 | 0 | 10 | 2 | .150 | |
| 9 | 0 | 0 | 0 | 1 | 6 | 0 | 8 | 4 | .294 | |
| 15 | 1 | 0 | 0 | 1 | 3 | 0 | 9 | 0 | .275 | |
| 9 | 0 | 0 | 0 | 0 | 3 | 1 | 7 | 1 | .278 | |
| 8 | 0 | 0 | 0 | 0 | 3 | 0 | 5 | 1 | .400 | |
| 0 | 0 | 0 | 0 | 0 | 1 | 0 | 2 | 0 | .000 | |
| 785 | 142 | 81 | 4 | 26 | 481 | 17 | 624 | 117 | .307 | |

太字はリーグ最高。打率横の順位は規定打数、57年から規定打席到達時のリーグ順位

## 中西太全打撃成績（太字はリーグ最高）

| 年度 | 所属球団 | 試合 | 打席 | 打数 | 得点 | 安打 | 二塁打 | 三塁打 | 本塁打 | 塁打 |
|---|---|---|---|---|---|---|---|---|---|---|
| 1952 | 西　鉄 | 111 | 410 | 384 | 57 | 108 | 20 | 7 | 12 | 178 |
| 1953 | 西　鉄 | **120** | 509 | 465 | **92** | **146** | 20 | 7 | **36** | **288** |
| 1954 | 西　鉄 | 130 | 554 | 493 | 87 | 146 | 28 | 8 | **31** | 283 |
| 1955 | 西　鉄 | 135 | 549 | 473 | 96 | 157 | 28 | 4 | **35** | **298** |
| 1956 | 西　鉄 | 137 | 523 | 462 | 74 | 150 | 27 | 5 | **29** | 274 |
| 1957 | 西　鉄 | **132** | 538 | 486 | 84 | **154** | **31** | 3 | 24 | 263 |
| 1958 | 西　鉄 | 126 | 469 | 404 | 61 | 127 | 19 | 1 | **23** | 217 |
| 1959 | 西　鉄 | 59 | 181 | 153 | 21 | 45 | 10 | 1 | 7 | 78 |
| 1960 | 西　鉄 | 32 | 54 | 47 | 6 | 17 | 2 | 1 | 1 | 24 |
| 1961 | 西　鉄 | 99 | 301 | 253 | 48 | 77 | 6 | 1 | 21 | 148 |
| 1962 | 西　鉄 | 44 | 82 | 71 | 6 | 19 | 1 | 0 | 2 | 26 |
| 1963 | 西　鉄 | 81 | 241 | 216 | 26 | 61 | 7 | 0 | 11 | 101 |
| 1964 | 西　鉄 | 33 | 46 | 40 | 2 | 6 | 2 | 0 | 0 | 8 |
| 1965 | 西　鉄 | 34 | 58 | 51 | 3 | 15 | 2 | 0 | 2 | 23 |
| 1966 | 西　鉄 | 51 | 55 | 51 | 6 | 14 | 2 | 0 | 6 | 34 |
| 1967 | 西　鉄 | 32 | 40 | 36 | 3 | 10 | 2 | 0 | 3 | 21 |
| 1968 | 西　鉄 | 26 | 28 | 25 | 1 | 10 | 0 | 0 | 1 | 13 |
| 1969 | 西　鉄 | 6 | 7 | 6 | 0 | 0 | 0 | 0 | 0 | 0 |
| | 通　算 | 1388 | 4645 | 4116 | 673 | 1262 | 207 | 38 | 244 | 2277 |

## 主なタイトル・表彰

MVP（56）、首位打者2回（55、58）、最多安打2回（53、57）、
本塁打王5回（53～56、58）、打点王3回（53、56～57）、
新人王（52）、ベストナイン（三塁手53～58、61）、殿堂入り（99）

井口英規　いぐち・ひでき
1965年生まれ。新潟県小千谷市出身。同志社大からベースボール・マガジン社に入社し、SKIING、VANVAN相撲界、週刊サッカーマガジン、週刊ベースボール編集長などを歴任。現在は出版部に在籍

# 中西太《なかにしふとし》、優《やさ》しき怪童《かいどう》

## 西鉄《にしてつ》ライオンズ最強打者《さいきょうだしゃ》の真実《しんじつ》

2024年10月31日　第1版第1刷発行

著者　井口英規《いぐちひでき》
発行人　池田哲雄
発行所　株式会社ベースボール・マガジン社
〒103-8482
東京都中央区日本橋浜町2-61-9　TIE浜町ビル
電話　03-5643-3930（販売部）
03-5643-3885（出版部）
振替口座　00180-6-46620
https://www.bbm-japan.com/
印刷・製本　共同印刷株式会社



Printed in Japan
ISBN978-4-583-11722-5 C0075
デザイン＝浅原拓也　校閲＝稲富浩子